A Teacher's Guide to
Ani Tefilati

A Teacher's Guide to

Ani Tefilati

David Brody and Dena Thaler

A Project of the
Israel Movement for Progressive Judaism
Rabbi Naamah Kelman, Project Coordinator

UAHC Press
New York

This project is supported by the Jewish Agency for Israel (JAFI).

This book is printed on acid-free paper.
Copyright © 1997 by the UAHC Press
Manufactured in the United States of America
10 9 8 7 6 5 4 3 2 1

FELDMAN LIBRARY

The Feldman Library Fund was created in 1974 through a gift from the Milton and Sally Feldman Foundation. The Feldman Library Fund which provides for the publication by the UAHC of selected outstanding Jewish books and texts memorializes Sally Feldman who in her lifetime devoted herself to Jewish youth and Jewish learning. Herself an orphan and brought up in an orphanage, she dedicated her efforts to helping Jewish young people get the educational opportunities she had not enjoyed.

In loving memory of my beloved wife Sally
"She was my life, and she is gone;
She was my riches, and I am a pauper."

"Many daughters have done valiantly, but thou excellest them all."

MILTON E. FELDMAN

Hebrew spelling can be presented in two forms: the *malei* (full) form, used in modern Israel, or the *chaser* (lacking) form, used in the Hebrew Bible and prayer book. The most significant difference between the two forms is the insertion of the letters *vav* and *yod* when necessary in the *malei* form. The *chaser* form omits those letters and uses vowel signs instead. Therefore, such a word as עוֹשֶׂה (with the *vav*) varies slightly from עֹשֶׂה (without the *vav*) as it appears in the siddur. This book uses both the *malei* and *chaser* forms, depending on the source of the material.

CONTENTS

INTRODUCTION TO ANI TEFILATI	1
LESSON PLANS	
Prayer	7
The Siddur	9
Modeh Ani	11
Mah Tovu	14
Birchot Hashachar	16
Halleluyah	20
Yotzer Or	23
El Baruch	25
Vehaer Eineinu Betoratecha	27
Vedabek Libenu Bemitzvotecha	29
Shema Yisrael	31
Veahavta	35
Vehayu Hadevarim Haeleh	37
Veshinantam Levanecha	38
Beshivtecha Beveitecha…	41
Ukeshartam Leot Al Yadecha…	43
Uchetavtam Al Mezuzot Beitecha Uvisharecha	45
Oseh Shalom	48
Va'ani Tefilati	50
APPENDIX	53

INTRODUCTION TO ANI TEFILATI

Ani Tefilati is a yearlong curriculum that introduces the siddur and prayer in a personal, dynamic way. It is geared for students who can read Hebrew and who have an elementary understanding of the language. Ideally suited for students in the second grade, it can also be adapted for third-grade use.

For many of us, the concepts that arise when we talk about prayer are related to experiences in the synagogue, in home holiday observances, and in life-cycle ceremonies. These experiences are often associated with specific places, specific people (rabbis, grandparents), and specific words (liturgy). To many of us prayers recited in the synagogue seem dry. They are pronounced by rote and have little personal meaning. This problem also exists in the school setting, where prayer is often perceived as part of the daily routine like math and science, without personal meaning for the pray-er. This situation results partly from the nature of Jewish prayer, which is characterized by permanence (*keva*), that which is fixed (*kavua*): We are commanded to say basically the same words every day.

However, our tradition has never been satisfied with *keva* alone. Our sages maintained that we must also strive for personal meaning in our prayers, for *kavanah*. According to the sages, the experience of prayer can and should be different for each individual every time; the experience of prayer can speak to the individual's personal situation and thus be meaningful. Jewish tradition dictates that it is precisely through the fixed structure of prayer that we can achieve this personal meaning. However, this balance does not come automatically; it must be nurtured.

This curriculum aims toward creating a proper balance between *keva* and *kavanah* in the prayer experiences of young children, enabling them to feel comfortable within the routine of prayer while finding it personally meaningful. To this end the curriculum relates to specific prayers, their origins, and their meanings, as well as to the larger concept of prayer itself. Through these lessons we shall explore the following questions: Why do we pray? What role can prayer play in our indi-

vidual lives? What personal meanings can we find in the traditional liturgy? What role can prayer play in the life of the Jewish people?

HOW DOES THIS CURRICULUM ENCOURAGE STUDENTS TO GRAPPLE WITH THE DIALECTICAL TENSION BETWEEN *KEVA* AND *KAVANAH*?

1. Each prayer has many meanings. We have chosen to discuss the meanings that are relevant to the young child.
2. We encourage students to examine the plain meaning of the text and then explore their own interpretations of the prayers.
3. We encourage students to respond to each prayer in a creative manner.
4. We hope that by engaging in this process, students will be able to find their own personal meaning within the fixed morning prayer service.

Every pray-er, no matter how experienced, senses the tension between *keva* and *kavanah* in prayer. As educators, you will find yourselves facing this issue again and again. In fact, as the students get older, the problem may actually become more acute. This curriculum suggests a first step for dealing with the tension. We believe it presents a strong foundation upon which you may build in later years.

This curriculum is based on a particular perspective of prayer, its meaning, and its purpose. While other perspectives clearly exist, we open here with a brief discussion of our perspective. Specific prayers will be addressed in the ensuing pages.

WHAT IS PRAYER? WHY DO WE PRAY?

Many of us sense that beyond the day-to-day physical business of life lies a level of meaning that transcends it all and perhaps at the same time inhabits it all. We can call this sense a spiritual drive. It is our assumption that at least seeds of this drive exist in all individuals from early childhood. Obviously children won't articulate our spirituality in these terms, but children's constant search for understanding the world, how it works, and how it all "fits together" seems to attest to the spiritual drive in them.

Moreover, in every individual's life there are certain experiences that are so deep and meaningful and beyond the usual that they cannot be understood or explained. During these existential moments we may feel such emotions as intense fear, sadness, elation, or gratitude. It is then that the spiritual element in ourselves and in the world is strengthened.

The attempt to connect with this spiritual realm—in traditional terminology, God—is prayer.

According to this perspective, the impulse to pray is universal; the modes of expression vary in different cultures and religions. These expressions are not necessarily directed toward God; they do, however, point to a reality that transcends our daily lives.

Accordingly, a person who upon seeing a beautiful sunset exclaims "Wow, how beautiful!" is praying. So also is a person who before taking on a difficult challenge thinks, "I hope I succeed."

Although prayer is universal, Jewish prayer is particular. In our tradition the spiritual drive is primarily expressed through the liturgy of the siddur. Jewish prayer goes beyond the spontaneous, personal prayer experience described above. Jewish prayer provides—and, indeed, demands—a structure that specifies when and what one must say. The obvious question that arises is why one needs this structure when it seems to contradict the very personal, immediate nature of prayer.

WHY A SET STRUCTURE FOR PRAYER?

Among the many responses are the following:
1. The set "formulas" of standardized prayers are very helpful. Although the idea of spontaneous prayer is attractive, when we begin to pray, we often can't find the right words. Everything suddenly sounds trite and banal. The standard phrases (*keva*) help

give structure to our thoughts and feelings (*kavanah*).

2. At times the spiritual dimension of our lives seems dormant. We are so preoccupied with day-to-day responsibilities that matters of the spirit take a back seat. In some cases, if we wait for the "spirit" to move us, we may never be moved! The *mitzvah* of daily prayer insures that we relate to the spiritual dimension. Prayers force us to think beyond the everyday. They also combat complacency, reminding us to appreciate the world around us and to give thanks for it all.

3. Universal prayers alone are not sufficient. Jewish prayers are the Jewish response to various experiences. These prayers are recited in the Jewish language and are expressions of Jewish culture and history, linking the individual to the entire Jewish people, past, present, and future. When we recite the same prayers, we see that we are not alone, but we are links in a chain generations long.

4. Specific Jewish prayers remind us of the particular values to which we are bound. We become aware that our personal concerns cannot be our only concerns and that we are responsible to others and to God. We are reminded that we must live our lives in accordance with Jewish values. The root of the word לְהִתְפַּלֵּל, "to judge" or "to pray," is פלל. To pray is to judge oneself. When we pray, we examine and evaluate ourselves. We struggle with the gap between the ideal and the real, between our stated ideals and our actions. If prayer is taken seriously, it should influence the way we live and cause us to constantly develop our sensitivities and actions in accordance with Jewish teachings.

The greatest challenge when we pray is to attain personal meaning within the fixed prayer service. This is no easy task. The rabbis call prayer *avodah shebalev*, "work of the heart." (*Ta'anit* 2a) It is most definitely hard work on the most personal level. And so to work.

GOALS OF THE CURRICULUM

1. Students will understand that prayer is not limited to the liturgy of the siddur; any personal attempt to express one's spiritual drive constitutes a prayer. Traditional prayers serve as a tool to help us with this communication.
2. Students will learn a number of prayers from the morning service.
3. Students will learn that the siddur is a product of historical development, and they represent an important link in that chain of development.
4. Students will interact with the text of the siddur and through that text will have an opportunity to develop their own thoughts about God and about themselves.
5. Students will learn the Jewish values expressed in the prayers they study.
6. Students will explore the meaning each prayer has for them and will consequently feel a personal connection to the prayers. Students will develop a sense of ownership of the prayers and feel that the prayers are intended not only for others but no less for themselves.

HOW TO USE THE WORKBOOK

The curriculum is to be used separately from the prayer experience. It is important to distinguish between the study of prayer and the experience of prayer. Here we are engaged in the study of prayer. This curriculum should in no way be seen as a substitute for prayer experience. We hope that the study of prayer will ultimately influence the actual experience of prayer, enriching and enhancing it. We recommend that you link into the classroom prayer service those concepts that were raised by the students in the study of the prayers. In addition, include in the classroom prayer service the prayers that the children have written in the framework of study. These linkages will strengthen the connection between the study and the experience of prayer.

Each prayer has been divided into small units according to their meaning. It is our goal to thereby attain a level of depth that would be lost by studying the complete prayer at one time. Any given prayer may be divided into two, three, or more separate units of study.

Sometimes a lesson on a particular prayer will focus on a very small part of that prayer. It is very important that the students go over the rest of the prayer to make sure that they understand the Hebrew and the prayer's general meaning. If your class uses a siddur, it is important to examine the prayers in the context of the siddur. At some point during the study of a particular prayer it is important to open the siddur, locate the prayer, and examine it. (What comes before it? Is its location significant? Is it part of a larger prayer?) It is probably most meaningful to do this as part of the next morning's prayer service, when the study session is still fresh in the students' minds.

The curriculum presents a model for teaching prayer. We relate to many but not all of the morning prayers. There may be specific prayers that have not been included that a teacher would like to teach. Alternatively, there may be lessons that do not suit a teacher's style or perspective and some lessons that are not appropriate for a specific group of students. We encourage teachers to develop their own lessons based on a similar model of dividing the prayer into small units of meaning to explore its significance.

The following questions, formulated by Dr. Saul Wachs, may be helpful in the preparation of any prayer:

1. What meaning, if any, does this text have for me?
2. In what context was this prayer written? To what kind of experience was the composer of the prayer responding?
3. Was I ever in a similar situation?
4. Is it possible to divide the prayer into smaller units of meaning?
5. Does the text have any key words or grammatical aspects that seem significant?
6. Recite the prayer aloud to feel its rhythm.
7. What questions are being addressed by this prayer? What answers does the prayer provide? How do I relate to those answers?
8. What is the most significant phrase or sentence in the prayer?
9. If I related seriously to the prayer, what would I do? How would it affect my life? Is it realistic, desirable, and/or useful?

LESSON PLANS

PRAYER

Central Themes: What is prayer? Introduction to the three types of prayer (request, praise, and thanks) that will serve as a guide to studying prayer throughout the curriculum.

Introduction: Suggested opening: Ask: "What do we do together each morning in school?" [Each morning we pray together.] Ask the students: "How do we say the word *prayer* in Hebrew?" Write תְּפִלָּה on the board.

Enrichment Activity: Give the students individual sheets of paper on which to write a word or phrase that comes to mind when they think of the term *prayer*. Call upon them to come to the board individually and tape their chosen word or phrase next to the term *prayer* written on the board. If time permits, have the students explain the connection between their chosen word and *prayer*. When all the words are on the board, ask the students to formulate a definition for *prayer*. Although the definition should be broad and should include much of what the students said, it need not be comprehensive. For example: "Sometimes a person feels as if he/she needs and wants to say something that is in his/her heart." This is a good opportunity to discuss whether or not prayer must be directed to God.

Explain that there are different types of prayers: short prayers; long prayers, prayers from the siddur; original prayers, prayers that are said daily; prayers that are said once a year.

The rabbis divided prayers into three categories. Draw three circles on the board, one for each category of prayer.

With the students, translate the words in the circles and work out what these words mean. (This is not the time to delve deeply into the different categories; simply introduce the terms.) Hang up a diagram of three flowers whose centers represent the three categories.

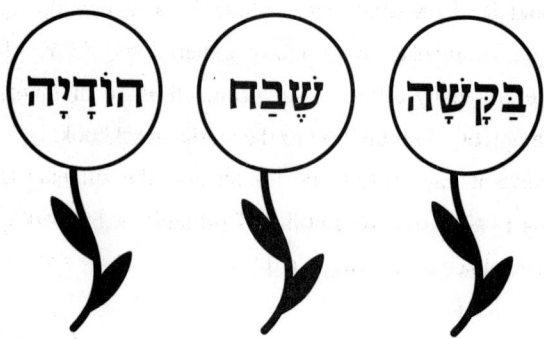

Now consider with the children what is missing from the flowers. Explain that during the year they will have to complete the flowers by adding petals. Inform them that they will not place petals wherever they wish, but a special system for completing the flowers will be taught later.

Conclusion: Review the word *prayer*. Suggested summary: During the year we will learn and discuss many prayers. By learning and analyzing these prayers, we will be able to recite them more meaningfully.

Note: The flower motif will be used throughout the school year. After each prayer has been studied, present a petal with the name of the prayer written on it. Ask the students to decide on which flower to place the petal (according to the prayer category). Since there may be some overlapping, the same prayer petal may be placed on two flowers. Therefore, be certain to prepare several petals for each prayer. Although a sample categorization of the prayers appears in the Appendix on page 55 at the back of this book, there is no definitive categorization. There is no "right" answer. This activity is a tool to provide an opportunity for reflection on the prayers.

Devote a corner of the classroom to the subject of prayer. The corner should include the different prayer associations and definitions arrived at by the students during this activity, as well as the three flowers. There could also be an exhibition of different siddurim, *kipot*, and associated objects or pictures.

THE SIDDUR

Central Themes: The siddur is a collection of prayers composed over many generations. Although there are many different siddurim, all share the same core prayers. Introduction to the siddur-workbook.

Several days before the lesson, ask the students to bring in siddurim from home. If possible, some should be left in school as part of a display.

Introduction: Review the previous lesson, asking the students to name the different types of prayers. (Some will mention those connected to the "flowers." Discuss the other types of prayers: short prayers; long prayers, prayers from the siddur; original prayers; etc.) Mention that when people think about prayers, they often are thinking about the prayers in a siddur.

Ask: "What is a siddur?" [a collection of prayers organized in a special order (*seder*)] "Who wrote the prayers?" [different people at different times throughout history. Point out that much of our prayer service was composed by the *tanaim* and *amoraim*, rabbis of the *Mishnah* and *Gemara*, to whom we will refer hereafter as our sages or our rabbis.] "Are the different siddurim in our collection identical on the inside? Can we find the same prayers in each siddur?" Have the students find the *Shema*, the Shabbat prayers, and the holiday prayers. [While all siddurim have much in common and share a common base, there are differences in siddurim from different communities and countries. For example: An American siddur includes an English translation, a prayer for Israel, and a prayer for the United States. An Israeli siddur includes a prayer for Israel and a special prayer for its soldiers. Also, if possible, examine siddurim written in different languages.]

Explain that we are going to continue to use our regular siddur, but we are also going to work with a siddur-workbook, *Ani Tefilati*, in which we will discuss our individual thoughts, experiences, feelings, and hopes. Each time we learn about a different prayer or part of a prayer, we will work on a page with a specific aim in mind. All the pages together will form our siddur-workbook. Each student's workbook will be based on the

same prayers but will be unique, as each of us is unique and has something different to say.

Note: Make certain you convey to the students the special character of the workbook. It isn't simply a collection of worksheets; it is a book of prayers. It is holy and must be treated accordingly.

MODEH ANI

The study of *Modeh Ani* is divided into two lessons, covering two pages in the workbook.

LESSON 1

Central Theme: Prayer as a way of saying thank you to God.

Introduction: Suggested opening: Ask: "Can you think of times when you've wanted to say thank you? Whom did you want to thank? For what did you want to say thank you?"

Note: We begin with the subject of thanks generally, not thanks to God specifically. It is important that the students relate to something for which they feel truly grateful (e.g., to an aunt for giving them a bicycle). We will discuss thanks to God at another time.

Enrichment Activity: Make a chart on the board with the following columns:

Whom Are We Thanking? For What Are We Saying Thank You?		
Thanks to Parents	Thanks to Friends	Thanks to God

Fill out the chart based on the students' suggestions. Children should be encouraged to add additional categories.

Discussion: Ask the students: "Does each suggestion always fall into a clear category? Are there items that fall into two categories? Is it easier to remember to thank our friends than our parents? Whom is it easiest to thank? Whom is it most difficult to thank?"

Workbook Activity (p. 1): Have the students turn to the first page of the workbook and read together the words מוֹדָה אֲנִי. Ask the students if the word מוֹדָה reminds them of another Hebrew word they know. [תּוֹדָה] *Modeh Ani* is a prayer that says thank you to God. Explain the difference between *modeh* and *modah*. Have the students fill in the appropriate vowel on their workbook page and write and illustrate: "I want to thank God for _____."

Enrichment Activity: Tell the following rabbinic story and discuss it with the students:

> Rabbi Simeon ben Halafta was a fat man. One day the heat all but overpowered him. So he climbed to the top of a boulder, where he sat down and said to his daughter: "Daughter, fan me with your fan, and I will give you talents worth of spikenard (a measure of herbs)." Just then a breeze began to blow. He exclaimed, "How much do I owe God for this breeze?" (*Baba Metzia* 86a)

We often thank people for different things. Payment is one way of thanking someone. How much more so should we thank God, who gives us so many things we often don't even notice!

Conclusion: Just as it is important to say thank you to friends, parents, relatives, and others, it is important also to say thank you to God.

LESSON II

Central Themes: Discussion of the concept *soul*. *Modeh Ani* as a prayer in which we thank God for making us "ourselves."

Introduction: Briefly review the previous lesson. Ask the students: "Now that we have studied the first two words of the prayer *Modeh Ani*, does anyone in the class know the rest of the prayer?"

Translate the rest of the prayer: "Thank You, living and everlasting Ruler [God], for returning my *neshamah* to me with care; You are very faithful." Explain that we will focus on the word *neshamah*, "soul," which is a hard word to understand.

Discussion: Ask the students: "What makes people different from one another?" The students will probably talk about physical differences. Ask: "Is it just physical differences that make us different? Are identical twins exactly the same inside as outside? What makes us different on the inside?" Write the responses on the board. The children may have answered with the following: "Some people are very smart; some are very fast; some are very brave; some are very _____." We can call all these characteristics that make us who we are "us," our *neshamah*, our unique soul.

Long ago people thought their *neshamah* left their bodies when they fell asleep. They believed God returned their *neshamah* to their bodies in the morning when they awoke. To thank God for returning their *neshamah*, they said the *Modeh Ani* prayer. While we no longer believe this, when we wake up, we still thank God for making us who we are and for enabling us to enjoy a new day.

Ask the students: "Would you want to switch your *neshamah* with someone else's?" (Some students might be attracted to the idea. How would they feel about a permanent switch?)

Workbook Activity (p. 2): Have the students write a story that starts with the sentence "One morning I woke up and wasn't myself" and ends with the words "And I said,

מוֹדָה אֲנִי לְפָנֶיךָ מֶלֶךְ חַי וְקַיָּם שֶׁהֶחֱזַרְתָּ
בִּי נִשְׁמָתִי בְּחֶמְלָה, רַבָּה אֱמוּנָתֶךָ.

'Thank You, living and everlasting Ruler [God], for returning my *neshamah* to me with care; You are very faithful.'"

Ask: "Who did you turn into? Your mother? The prime minister? An elephant in the jungle?"

Conclusion: Remind the students of the flower diagram you hung on the wall in an earlier lesson. Review the three different types of prayers to which the sages referred: שֶׁבַח, "praise"; בַּקָשָׁה, "request"; and הוֹדָיָה, "thanks."

Hold up a petal with the words *Modeh Ani* written on it. Ask: "To which flower does this belong?" After a brief discussion, hang the petal on the appropriate flower. Explain that each time we learn about a new prayer, we will decide to which flower it belongs. By the end of the year, we will have completed all three flowers.

MAH TOVU

The study of *Mah Tovu* is divided into two lessons, covering two pages in the workbook.

Background: Traditionally, *Mah Tovu* was said upon entering a synagogue to express appreciation for its beauty. Eventually, the prayer was included among the fixed morning prayers and was said even if one wasn't praying in a synagogue. The words *Mah Tovu...Yisrael* are quoted directly from the biblical tale of Balak and Bala'am. (Numbers 22–24) Balak, king of Moab, requested that Bala'am, a non-Jewish prophet, curse the people of Israel. In a fascinating story, Bala'am, to the chagrin of Balak, ultimately praises them instead with the words *Mah Tovu*.... The first lesson relates to the places in which we pray and the second to the biblical story.

LESSON I

Central Theme: Different places for prayer.

Discussion: Ask: "Where do you like to pray? What conditions encourage and enhance your prayer?" Help the students by listing adjectives to which they can relate (e.g., quiet/noisy, dark/light, inside/outside, large space/small space, alone/with others, simple/ornate, etc.). The students will probably say "in a synagogue." Then ask: "Do we have to pray in a synagogue? What does a synagogue add to our prayer experience?" [a special atmosphere, a feeling of "holiness," a feeling of "togetherness" or community, etc.] Explain that the *Mah Tovu* prayer speaks about the place in which we pray, and write the sentence *Mah Tovu...Yisrael* on the board. Translate the sentence with the students, and then ask: "Which words relate to a 'place'?" [tents, dwelling] You may wish to focus on the word מִשְׁכָּן and examine associated words like שָׁכֵן and שְׁכוּנָה. Our rabbis understood this prayer as relating to a house of prayer, but, as we said, we can pray in any place.

Siddur Study: Have the students find *Mah Tovu* in the siddur. Ask: "Where does this prayer fall in our morning prayers?" [in the beginning] Explain that *Mah Tovu* was originally said upon entering a synagogue to express appreciation for its beauty.

Enrichment Activity: Read and translate the rest of the prayer. Ask the students to point out the various words that relate to God's "house" or "place."

Workbook Activity (p. 3): Have the students write and illustrate: "The place I'd most like to pray in."

Enrichment Activity: Visit the sanctuary with the class.

LESSON II

Central Theme: The biblical source of the words מַה טֹבוּ אֹהָלֶיךָ יַעֲקֹב.

Introduction: Ask: "From where do our prayers come?" Explain that the siddur developed over many generations, and its sources are varied. In some cases, the rabbis used their own words; in other cases, the rabbis used verses from the Bible. The origin of the *Mah Tovu* prayer appears in a fascinating story in the Torah.

Enrichment Activity: Read the story of Balak and Bala'am to the class. Because the biblical account is very complicated and unclear, a rewritten version has been included in the Appendix on pages 56–57. Have the children act out the story.

Workbook Activity (p. 4): Have the students illustrate the biblical tale. They may wish to use a cartoon format to put the words

מַה טֹבוּ אֹהָלֶיךָ יַעֲקֹב, מִשְׁכְּנֹתֶיךָ יִשְׂרָאֵל

into Bala'am's mouth.

Conclusion: When our rabbis wanted to express how good they felt upon entering a synagogue, they were reminded of the same feeling that Bala'am had when he saw the tents of Israel. Our rabbis quoted Bala'am's words in their prayer. Just as this prayer has its source in the Torah, so do many other prayers. It's interesting to note that we use the words of a non-Jew as part of our daily prayers.

Mah Tovu—To which flower does it belong?

BIRCHOT HASHACHAR

The study of *Birchot Hashachar* is divided into three lessons, covering six pages in the workbook.

LESSON I

Central Theme: "My morning."

Background: *Birchot Hashachar* are a collection of blessings connected to the morning routine. Our rabbis used to say a blessing for their every action. By reciting these prayers, we actually break the routine by calling attention to and appreciating every action, no matter how small.

Introduction: Have some of the students pantomime some morning activities (e.g., waking up, washing, brushing teeth, eating breakfast, etc.). Have other students guess the activities that are being pantomimed. Write the activities on the board or, alternatively, act them out yourself.

Workbook Activity (p. 5): Have the students fold the workbook page along the broken line, exposing the right side of the page and hiding the left side. Explain that in this lesson we will relate only to the right side of the page. Have the students write and illustrate five activities they do each morning.

Conclusion: Have several students who wrote down particularly interesting activities pantomime these activities for the rest of the class. Ask other students to guess the activities being acted out.

LESSON II

Central Theme: "The morning according to *Birchot Hashachar*" (numbers 1–5 on page 6 of the workbook).

Introduction: Briefly review the previous lesson. Tell the class that people who lived hundreds of years ago also did many of the morning activities we listed in

our last lesson. A group of scholars wrote blessings for each action that they and others did in order to thank God for enabling them to perform their activities. These blessings were written for themselves and for all Jews. While we have the blessings they wrote, we don't know exactly what they did each morning. Let's be detectives and try to discover through the blessings they wrote what their mornings were like.

Workbook Activities (p. 6): Have the students examine the page. Translate for them the term *Birchot Hashachar*. [*Birchot* means "blessings of"; *shachar* means "dawn."] Introduce the term שַׁחֲרִית. Read and translate blessings 1–5. Together with the students, figure out what activity lies behind each blessing.

Background: The blessings refer to specific actions, as we learn from the talmudic text that relates to the prayer. (*Berachot* 60b) We are quoting the original text—thus the nonegalitarian language—but in our workbook we have changed the original order of the talmudic text to correspond to the order of the blessings as they appear in the siddur.

1. When he [the person praying] hears the rooster crowing, he should say: "Blessed is God who has given the rooster the understanding to distinguish between day and night."
2. When he opens his eyes, he should say: "Blessed is God who helps the blind to see."
3. When he stretches himself and sits up, he should say: "Blessed is God who frees the captive."
4. When he dresses, he should say: "Blessed is God who clothes the naked."
5. When he draws himself up, he should say: "Blessed is God who raises the bent."
6. When he steps on the ground, he should say: "Blessed is God who spread the earth on the waters."
7. When he begins to walk, he should say: "Blessed is God who makes firm our steps."
8. When he ties his shoes, he should say: "Blessed is God who supplies all my needs."
9. When he fastens his belt, he should say: "Blessed is God who surrounds Israel with strength."
10. When he spreads a hat over his head, he should say: "Blessed is God who crowns Israel with glory."

As we see from the talmudic source, these blessings were originally said when specific actions were performed. Only later were they collected and compiled into a prayer for the synagogue.

The blank box on page 6 between blessings 1 and 2 represents three other blessings that belong here. These blessings come from a different talmudic source and are different from the others in that they don't relate to the morning routine. We will return to them in Lesson III of this prayer.

Workbook Activity (p. 5): Have the students go back to page 5 and fill out the left side of the folded page, which reads הַבֹּקֶר לְפִי בִּרְכוֹת הַשַּׁחַר. Have them write and illustrate the different activities to which the five blessings on page 6 relate.

Have the students compare the two columns on page 5. Ask: "In what ways are they similar? In what ways are they different?"

Ask the students to write a blessing that is not included in the *Birchot Hashachar* but that corresponds to an activity they included in their morning routine.

Workbook Activity (p. 7): Read and translate blessings 6–12. Together with the students, "decode" blessings 6–12, the rest of the scholars' morning routine. Teach the phrase מַעֲשֵׂה אָבוֹת, סִימָן לְבָנִים, "like parents, like children." Ask: "What can we learn from our ancestors, in this case, our rabbis or scholars?" Hint: Why did they say a blessing for their every action? [to teach us that every action, no matter how small, is important. When we say a blessing for every detail of life, we break the daily routine and learn not to take things for granted. We learn to appreciate everything we have and can do.]

LESSON III

Background: Below are the three blessings we skipped on page 6 of the workbook.

For making me a Jew

בָּרוּךְ אַתָּה ה׳ אֱלֹהֵינוּ מֶלֶךְ הָעוֹלָם, שֶׁעָשַׂנִי יִשְׂרָאֵל.

For making me free

בָּרוּךְ אַתָּה ה׳ אֱלֹהֵינוּ מֶלֶךְ הָעוֹלָם, שֶׁעָשַׂנִי בֶּן/בַּת חוֹרִין.

For making me in God's image

בָּרוּךְ אַתָּה ה׳ אֱלֹהֵינוּ מֶלֶךְ הָעוֹלָם, שֶׁעָשַׂנִי בְּצַלְמוֹ.

In Orthodox siddurim, the three blessings are different from the ones above: thanking God for not making me a non-Jew, for not making me a slave, and for not making me female (for men)/for making me as God wishes (for women). These three blessings originate in a talmudic passage different from the one for the other *Birchot Hashachar*. Non-Orthodox rabbis changed these blessings because they were viewed as ideologically problematic. The three blessings above are the amended version. We do not recommend presenting the original blessings for children of this age. In later grades they would present an interesting exercise as part of an examination of the development of the siddur. Besides being ideologically problematic, the blessings (even those in the amended version) are contextually problematic because they disrupt the description of morning activities depicted in the other blessings.

Central Themes: Explanation of the three "skipped" blessings. Introduction to the concept that "the human being was created in the image of God."

Introduction: Suggested opening: Remind the class of the blank box between blessings 1 and 2 on page 6. Tell the students that there are three blessings that belong there, but they are different from the other blessings in the prayer.

These three blessings appear in the Appendix on page 58. Photocopy this page and cut it into boxes as indicated by the broken lines. Hand out a box with the three blessings to each student.

Translate the three blessings for the class. Ask: "How are these blessings different from the other blessings in the *Birchot Hashachar*?" [They don't relate to morning activities.] Have the students glue the three blessings into the appropriate space on page 6 of the workbook.

Workbook Activity (p. 8): Have the students write and illustrate what this blessing means to them (for example: Why I am proud to be a Jew or I show that I am proud to be a Jew when _____.).

Workbook Activity (p. 9): Have the students write and illustrate what this blessing means to them (for example: What it means to be free).

Note: The blessing שֶׁעָשַׂנִי יִשְׂרָאֵל... on page 8 can be discussed on Yom Ha'atzmaut or on a day devoted to current events.

The blessing שֶׁעָשַׂנִי בֶּן/בַּת חוֹרִין... on page 9 can be discussed on Passover. Ask the students: "Who isn't free in our days?"

Introduction: Tell the class that *today* we are going to focus on only one of the blessings, the third blessing (on page 10):

בָּרוּךְ אַתָּה ה׳ אֱלֹהֵינוּ מֶלֶךְ הָעוֹלָם, שֶׁעָשַׂנִי בְּצַלְמוֹ.

Later in the year, we will examine the blessings on pages 8 and 9 more thoroughly.

Write the third blessing on the board and translate it. Have the students recall the story of the creation of the world. Ask: "Where in the biblical text is the concept of צֶלֶם אֱלֹהִים?" [Genesis 1: 26, 27] This is another example of a prayer based on a verse from the Torah. Ask: "What other prayer that we have studied was based on a quote from the Torah?" [*Mah Tovu*]

Write the words צֵל and מַצְלֵמָה. Ask if any of the students recognizes these words? [shadow, camera]

Show the class a photograph and ask: "What is the connection between a photograph of a tree and the tree itself?" [The photograph is very similar to the object, but it is not the object itself.] Ask: "Can we photograph God?"

Discuss the word צֵל, which comes from a root different from the root for צֶלֶם but can be compared to it because the two sound so similar. Point out to the class that a shadow is not identical to a person, but it is very similar. At times we can see our shadow; at times it seems to "hide." Ask: "What do we learn from the concept that we were created in the image of God? What does this concept teach us about how we should behave?" [The concept that we are created in the image of God is very flattering, but it also makes certain demands on us. If we are similar to God, we must act godly.]

Workbook Activity (p. 10): Write on the board:

God created the world. I also create when I _____.

God made Shabbat a holy day. I also make Shabbat a special day when I _____.

God took care of the people of Israel when they were in the desert by giving them food and looking after their needs. I also help people when I _____.

Have the students choose and complete one of these sentences. Have them write and illustrate it on page 10.

Birchot Hashachar—To which flower does it belong?

HALLELUYAH

The study of the *Halleluyah* prayer is divided into two lessons, covering three pages in the workbook.

LESSON 1

Central Themes: The many ways we can pray to God. Using music as one possibility for prayer.

Note: The source for the *Halleluyah* prayer is the Book of Psalms, an important biblical source of many prayers.

Introduction: Suggested opening: Ask: "How do we pray to God?" [Because students may respond simply: "with words or prayers," it is important to push them to broader responses.] Ask: "Is it possible to pray without using words?" [by moving one's body, dancing, singing, etc.]

Explain to the students that in the Temple in Jerusalem there was a group of people called Levites, who had special jobs to perform in the Temple. One of their duties was to be part of the Temple orchestra. They sang and also played a variety of musical instruments.

Workbook Activity (p. 11): Before the class begins, prepare an audiocassette with four short musical selections. Each selection should feature one of the following four instruments: harp, violin, organ, and trumpet. Have the students turn to page 11 in the workbook. Explain that you are going to play four different musical selections, each of which will be played twice. Tell the children that during the first playing of each selection, they are simply to listen carefully to the music; during the second playing, they are to respond to the following questions by writing their answers under the picture of the instrument: How does the music make you feel? What do you think of when you hear the music? Imagine and describe a scene that relates to the music.

After the students have finished this task for all four musical selections, have them share some of their reflections.

Discussion: Tell the students that in the Temple the Levites played on instruments similar to and also different from those they have just heard. Ask the students to imagine a situation in which they would feel like praying by playing a violin or a horn, etc. [sample responses: a violin—if my grandfather was sick, and I was feeling sad; a trumpet—if I had just won a race and was feeling very proud]

Explain to the class that after the Temple in Jerusalem had been destroyed, our sages decided not to use musical instruments during prayer because the people were to mourn the destruction of the Temple. By not using musical instruments, we demonstrate our sadness. However, in the last century, some Jewish leaders have encouraged using musical instruments in prayer, claiming that it enhances the prayer experience. Ask the students: "What do you think? Have you ever been in a synagogue that uses musical instruments? What was it like?"

Conclusion: With the students, review the different places for prayer they learned about when they studied *Mah Tovu*. Point out that in the *Halleluyah* prayer, they learned different ways to pray, including listening to music.

(The idea for this lesson is credited to Shira Simchovitz Ackerman.)

LESSON II

Central Themes: The meaning of the *Halleluyah* prayer. An introduction to the finest instrument of all, the human voice.

Introduction: Suggested opening: In the last lesson we learned that music was played in the Temple in Jerusalem. Now we are going to learn a prayer that describes some of the different instruments used in the Temple orchestra.

Workbook Activity (p. 12): With the children, translate the Hebrew, except for the last sentence. Have the students circle the words denoting musical instruments.

> [Halleluyah. Praise God in His sanctuary,
> praise God in the heavens; for His power praise God.
> Praise God for mighty deeds,
> for infinite greatness praise God.
> Praise God with trumpet calls,
> with harp and lyre praise God.
> Praise God with drum and dance,
> with flute and strings praise God.
> Praise God with clashing symbols,
> with resounding symbols praise God.]

Let every living soul praise God. Halleluyah.

Note: Musical and biblical research has not ascertained the exact nature of the instruments used in the biblical period. Modern Hebrew sometimes uses biblical words for contemporary instruments although, in fact, these may be very different from the biblical instruments. We can try to envision what the instruments looked like, but we must be aware of the lack of evidence.

Explain to the students that this prayer refers to various musical instruments, but we haven't yet spoken about the finest musical instrument that God has given us, the human voice. (Here you may wish to do some exercises regarding the human voice, asking the students to place their hands over their vocal chords, talking about the biological side of "voice," etc.)

Have the students read the last sentence of the prayer: כֹּל הַנְּשָׁמָה תְּהַלֵּל יָהּ, הַלְלוּיָהּ, "Let every living soul praise God. Halleluyah." We can understand this to mean that not only human beings praise God but so does all creation!

Workbook Activity (p. 13): Have the students draw a picture depicting the idea that all creation (all creatures, nature, etc.) praises God.

Enrichment Activity: After reminding the students that we have discussed musical instruments and the human voice, ask: "Is it possible to pray in silence? Does anyone in class prefer to pray in silence? Why?" (You might want to introduce a beautiful *midrash* on the limits of speech in the realm of the spirit: Rabbi Abin said: God is like a priceless jewel. The more we express our admiration for it, we underrate its true value. (*Midrash Tehilim* 82b) Sometimes silence speaks loudest. You may also wish to tell the chasidic tale of the boy who wanted to pray but didn't know the *Alef-Bet* or the prayers. The boy did what he knew—he whistled—and that whistle became his prayer.

Conclusion: Ask the students: "In light of what we've discussed, are we as a class interested in including certain changes in our morning prayers?" [musical instruments, an interval of silence, etc.]

Halleluyah—To which flower does it belong?

YOTZER OR

This lesson covers one page in the workbook.

Central Themes: The importance of light in our lives. Light as a symbol. The prayer *Yotzer Or* as a way of saying thank you to God for light in particular and, on a symbolic level, for all life in general.

Introduction: Suggested opening: Ask the students: "What happens each morning that is a surprise?" [Explain that our rabbis thought the sunrise each morning was a surprise.]

Discussion: Ask the class how we can understand the sun rising each morning as a surprise.

Our rabbis were so pleased with this surprise that they composed a blessing to express their happiness.

Ask: "Why were the rabbis so pleased? Why is light so important to us?" [It's scary in the dark. It's hard to see. Light is important to plant life; if there were no light, plants wouldn't grow, and it would affect our food supply as well.]

You may also wish to relate to the field of astronomy. Planets that are far from the sun are barren and lifeless. When we thank God for light, we are actually thanking God for life. The sunrise also served as a symbol. When our rabbis saw the sunrise, they remembered the first sunrise and the creation of the world.

Workbook Activity (p. 14): On a clean sheet of paper, have the students write a prayer about the sunrise. Help the students read and translate the *Yotzer Or* prayer.

Ask the students if this prayer is similar to the prayers they wrote? Ask: "Why do you think the rabbis added such extra things as 'darkness,' 'peace,' and 'Creator of all'? What is the significance of including 'lightness' and 'darkness'?" [As opposites, they show that God created everything.] "What is the connection between 'light' and 'peace'?" [Explore "light" as a symbol that arouses certain feelings and associations in us.]

Have the students draw illustrations for "lightness" and "darkness" in the first two boxes on page 14 of the

workbook. On the lower half of the page, have them draw some things God created that will illustrate the words "Creator of all."

Yotzer Or—To which flower does it belong?

EL BARUCH

This lesson covers one page in the workbook.

Central Theme: *El Baruch*, written in the form of an acrostic, praises God, Creator of the luminaries.

Background: *El Baruch* continues to develop the subject of light that was presented in *Yotzer Or*. The prayer blesses God who created the luminaries that surround and sing their praises to God.

Introduction: Prepare and hang up in the classroom a poster of the Hebrew alphabet from א to ת.

Workbook Activity (p. 15): Explain to the students that they are going to learn the prayer *El Baruch*, which was written in an unusual form called an acrostic. An acrostic is a composition or verse that uses the first letter of the words to form a specific pattern. Point out that this prayer as it appears in the workbook is missing the first letter of each word. The letters that are missing are those of the Hebrew alphabet in the order of the *Alef-Bet*. Have the students fill in the missing letters in pencil. (If the students know an *Alef-Bet* song, sing it together with them to help them remember the order of the letters.)

Discussion: Translate the prayer for the students. Together with the children, work out its meaning. Ask: "Which words are connected to 'light'? What was the poet doing when he wrote the poem?" [For example: There was a man who wondered about why the sun, the moon, and the stars appeared every day. The sun, the moon, and the stars would also disappear at some point and, almost miraculously, reappear the next day. Feeling a strong urge to write down his thoughts, he wrote a poem.]

Ask the students: "Why do you think a poet would use the *Alef-Bet* as a device?" [A possible explanation: By using this device, the poet is expressing the idea that we praise God with all possible letters and all possible words.]

Enrichment Activities:
1. Have the students write a prayer to or about God using the ABC acrostic form. Tell them they may also use the letters of their first or last name.
2. Use this exercise to introduce the students to the art of calligraphy. Bring several examples of calligraphy to class and examine with the class how the illuminated letters enhance the text. Have the students decorate the letters they wrote in their workbook.

Conclusion: Remind the students that after studying different places to pray and different ways to pray, they have learned in this lesson different ways prayers can be written.

El Baruch—To which flower does it belong?

VEHAER EINEINU BETORATECHA

This lesson covers one page in the workbook.

Central Themes: The Torah is compared to "light." The Torah enlightens, clarifies, and shows us the way to live.

Introduction: Draw a picture of a large Torah on the blackboard. Have the students relate stories they recall from the Torah. Write the names of the stories on the picture of the Torah as they are mentioned.

Discussion: Have the class turn to page 16 of the workbook. With the children, translate the Hebrew. Ask: "Does anyone recognize a familiar word in the word וְהָאֵר?" [We are looking for אוֹר, "light."] "What is the function of light?" [Light helps us to see; it makes things clear; it shows us where to go; etc.]

Together with the children, review several expressions that show the connection between "light" and "understanding": to enlighten, to shed light on, to illuminate, etc. Introduce such similar Hebrew expressions as הֵפִיץ אוֹר עַל, מֵאִיר, מֵאִיר עֵינַיִם. Ask: "How can the Torah be compared to light?" [The Torah also shows us the way, shows us how to live, helps us understand.] "How many times in our lifetime are we supposed to read through the entire Torah?" [at least once a year] "When do we start? When do we finish? Why would we read the same thing every year?" [Every year we are different; we've grown a year older. Every year we will understand different things. While the stories remain the same, they will be different for us since we come to them from a different "place." The story we heard in kindergarten is not the same story we hear in second grade, nor will it be the same story we will hear in twelfth grade.] Bring in several books on Genesis: some written for young children and some for adults to show that the same stories have different levels of meaning.

In the corner of the board write: "Each biblical story has a message for us."

Enrichment Activity: Select one story or a small part of a story. Ask the children to work out the messages in the story. Explain to the students that they may use any passage, but for this lesson we are going to use the conflict between Abraham's and Lot's shepherds (Genesis 13: 1–12) as an example. This text appears in the Appendix on page 59. Photocopy the text and give each student a copy. Read the story together with the class. Ask: "Who are the main characters in the story? What was the problem in the story? Who solved it? How?" With the children, explore the lessons we can learn from the text. Ask: "What do we learn from this story?"

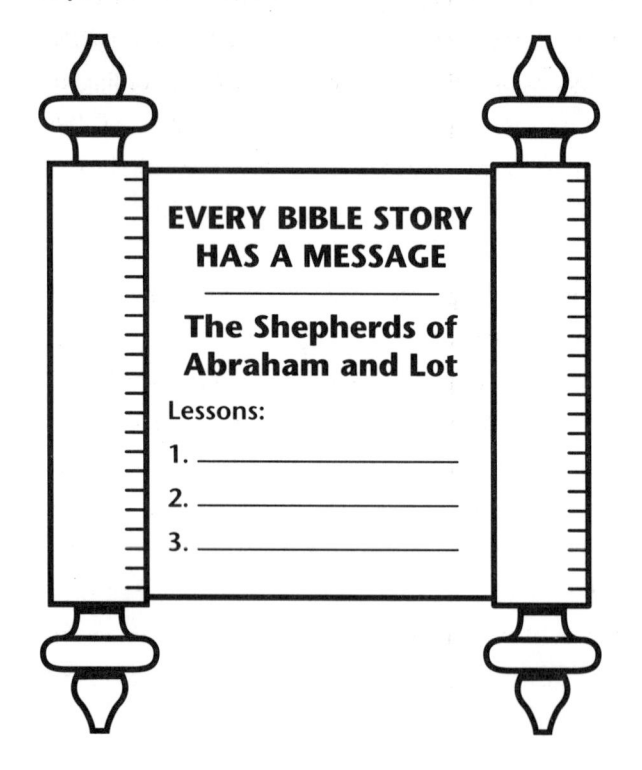

EVERY BIBLE STORY HAS A MESSAGE

The Shepherds of Abraham and Lot

Lessons:

1. _____
2. _____
3. _____

Explore these lessons in depth by asking the following questions: "What can a child in kindergarten learn from this message? How can you make use of this message in your life? Can adults also learn from this story?" Describe to the class a television show you have seen in which two adults are arguing. Ask: "How could you use the lessons of this biblical story to help them reconcile?" Conclude with the statement "The Torah has something to teach everyone at every different stage of life."

Return to the Bible stories listed on the board. Ask the students to work out briefly the lessons in the various stories. Some examples: Adam and Eve—It's difficult to resist temptations, and one can't hide from God; Noah—Evil can bring on destruction; Abraham and the Angels—the importance of הַכְנָסַת אוֹרְחִים, "hospitality."

Workbook Activity (p. 16): Have the children choose one story that they especially like and illustrate it within the "Torah." On the lines beneath the picture, have them write the lessons the story taught them. For a more advanced group, give out a worksheet with several passages from different biblical stories. Have the students, working in pairs, choose one passage, work out the lessons they learned from the passage, and illustrate the lessons on their worksheet. For the various biblical stories, prepare questions to guide and focus the students.

Conclusion: Repeat to the class that in this prayer, we are asking God to "lighten" our eyes with Torah and let us see and understand the lessons the Torah has to teach us at different times in our lives.

Vehaer Eineinu Betoratecha—To which flower does it belong?

VEDABEK LIBENU BEMITZVOTECHA

This lesson covers one page in the workbook.

Central Theme: Clarification and exploration of the term *mitzvah*.

Introduction: Ask: "What is a *mitzvah*?" [The definition should include among other things "a good deed" and "something we are commanded (מְצֻוִּים) to do." (If only "a good deed" is mentioned, ask: "How is a *mitzvah* different from a good deed?")]

Enrichment Activity: Have the students name as many *mitzvot* as they can. List them on the board according to various categories without disclosing what the categories are. For example: Categorize according to Positive and Negative *Mitzvot* (Do's and Don'ts). Tell the class there are other ways to categorize *mitzvot*. Have the students give a title to the categories.

Note: Many people distinguish between *mitzvot* between people and *mitzvot* between people and God. This kind of categorization may be problematic as it can lead to a distorted view of Judaism in which some aspects of Judaism are seen as "religious" and others are seen as "ethical." This distinction can lead to a situation in which a Jew is religious but not ethical or a Jew is ethical but does not relate to the rich spiritual and ritualistic side of Judaism. It is important to convey to the students that all *mitzvot* are part of an integrated system that teaches us how to live.

Discussion: Ask the students: "Which category of *mitzvot* do you think is the most difficult to perform? Are there other ways of dividing up the *mitzvot*? How many *mitzvot* are there in the Torah?" Introduce the concept of תַּרְיַ"ג מִצְווֹת, "613 *mitzvot*" according to the most common tradition although other traditions count differently.

Workbook Activity (p. 17): Help the students translate the words וְדַבֵּק לִבֵּנוּ בְּמִצְוֹתֶיךָ. (The

words לֵב, דָּבֵק, and מִצְווֹת may already be familiar to them.) Ask the students: "What are we asking for in this prayer?" [for God to help us keep *mitzvot*] Have the students choose one of the following: 1. The *mitzvah* I most like to fulfill is _________ because _________. 2. The most important *mitzvah* is _________ because __________. 3. One *mitzvah* that I don't yet fulfill that I would like to fulfill is _________. I chose this *mitzvah* because _________. Have the students write and illustrate their answer inside the heart.

Conclusion: Tell the class that every time we say this prayer we remind ourselves of the *mitzvot* that guide us and enrich our lives. Suggest to the students that they think of a different *mitzvah* every time they say the prayer.

Siddur Study: Read and translate the entire sentence

וְדַבֵּק לִבֵּנוּ בְּמִצְוֹתֶיךָ וְיַחֵד לְבָבֵנוּ לְאַהֲבָה
וּלְיִרְאָה אֶת שְׁמֶךָ.

Ask the class: "Is it possible to love and fear the same person? Why do you think our rabbis thought it important to both love and fear God? Are there ever situations in which we both love and fear our parents?"

THE SHEMA

SHEMA YISRAEL

The study of the *Shema* prayer is divided into ten lessons, covering twelve pages in the workbook. The study of the first line, *Shema Yisrael Adonai Eloheinu Adonai Echad*, is divided into three lessons, covering three pages in the workbook.

LESSON 1

Central Theme: The *Shema* is a command to all Jews to listen to a central message of Judaism: God is One.

Introduction: Suggested opening: Imagine that I had a very strong belief or idea that I wanted to share with all the people in the world. Also imagine that I had a special loudspeaker that could simultaneously translate my message into all the languages of the world. At the very moment I spoke, everyone, everywhere would hear my words. If this were the case, I'd have to think very carefully about the exact message I'd like to send. I might even write it down for myself on a piece of paper.

Enrichment Activity: Pass out plain note paper and have the students write a message they would like to convey to the world. In a corner of the paper, have them draw a picture of the globe. Then have them turn over the page and draw a Magen David in a corner. Explain to the students that now the loudspeaker can reach only the Jews of the world. Have the students write the message they would send to the Jews of the world.

Explain: I know someone who had a very important

message to tell the Jewish people—Moses wanted to speak to all the Jews. That wasn't very difficult because the Jews weren't spread out all over the world; they were all together with Moses in the desert at Sinai. When Moses wanted to talk to the people, he would gather them together and say two words that mean "Listen, Israelites." You know the Hebrew words he would say because you say them every day during prayer. Ask the students if anyone knows which words you are talking about. [*Shema Yisrael*, "Listen, people of Israel."] (You can also present this part of the lesson by pretending to be Moses and acting out the lesson in the first person.)

Workbook Activity (p. 18): Have the students draw a picture that shows Moses speaking from a high place with the multitudes of Israelites (600,000 men plus families, according to the Torah) listening to him. Have the students place the words *Shema Yisrael* into a comics balloon that they should draw coming from Moses' mouth. Then have them also glue the message they had written to the bottom of the page.

Conclusion: Explain to the class that the message of the *Shema* is one of the most important tenets of Jewish belief. Ask the students: "What is the meaning of this message?" Tell them that we will focus on this question in our next lesson.

LESSON II

Central Theme: That there is One God, a revolutionary concept in its time, is the central idea presented in the *Shema*.

Introduction: Review briefly the previous lesson. Ask: "What was the message Moses gave the people of Israel? What is the most important word in the sentence?" [Students may choose several different words. While all the words are important, we will focus on the word *One*.] Ask: "Why did Moses have to tell the people that there is One God? Were there people who thought differently?" [It is important to explain that at that time no other people believed in one God; the concept of One God was a new idea.]

Explain: Although the One God concept was a major change and revolution, Moses wasn't the first to believe in one God. Ask: "Who was the first?" [Abraham] Because the Torah tells us very little about Abraham's childhood and how he came to his beliefs, the rabbis, who were very curious about this, wrote stories that tried to answer this question by filling in the details of Abraham's childhood and life. These stories are called *midrashim* or legends. One such *midrash* appears in the Appendix on pages 60–61.

Discussion: Ask: "What did Abraham learn?" [There is One God who rules over everything in the universe.] "How did he learn this?" [by observing nature]

Workbook Activity (p. 19): Have the students decorate the number 1. (They may choose to depict scenes from the above *midrash*.)

Enrichment Activities: With the children, divide the *midrash* into five scenes. Divide the children into six groups (one more than the number of scenes). Assign each of the five groups one scene to depict on a piece of paper. The sixth group should make a TV screen from a cardboard box. When all the illustrations are complete, tape them together and roll them up to make a "scroll." Show the movie using the improvised television set.

You may also create a shadow play by having each group make a different "character" (e.g., sun, moon, stars, etc.).

You may also use songwriter Rafi's song: "One Light."

Conclusion: Point out to the class that the *Shema* prayer relates Abraham's discovery: Beyond the various forces in our world that are all limited in some way stands the One God who is unlimited.

LESSON III

Central Theme: The belief in One God and its implications for all creation. The belief that God was responsible for all creation, including human beings, teaches us to accept and honor those who are different from us (e.g., people from different lands, people of different religions, people with different skin color, people who are limited in some way—through a physical handicap, emotional disability, etc.). For this lesson, we will focus on people of different religions.

Discussion: Ask the students: "Who remembers what number we discussed in our last lesson?" [One] Because there is one God, we can consider God to be a father or mother to us all. Ask if anyone can think of a prayer in which God is called אַבָּא or אָבִינוּ? [There are several prayers. The students may especially remember אָבִינוּ מַלְכֵּנוּ with the help of a hint: We say this prayer on Yom Kippur, and its melody goes like this....] Tell the class about a legend in which God says, "Children, what do I wish? Only that you love one another and respect one another." (*Seder Eliyahu Rabbah* 26) Ask: "Have your parents ever wished the same of you?" (We want to develop the image of God as a parent and human beings as members of a family.) Now ask a harder question: "Is God also the 'parent' of non-Jews?" (If some students answer no, ask: "Oh! Is there another God for non-Jews?") Point out that if we said there is only one God, we can conclude that God is the "parent" of all human beings, regardless of religion, nationality, color, etc. As the prophet Malachi asked, "Have we not all one father? Has not one God created us?" (Malachi 2:10)

Discuss different religions by asking such questions as: "Besides Judaism, what other religions exist? How does a Christian pray? How does a Muslim pray? Where do Muslims and Christians pray?" Although there is one God, different religions call God by different names. Ask: "What do Christians call God? What do Muslims call God?" (Include other religions as well.) Every religion has its holy books that teach its members the beliefs of the religion and how to live. Ask: "What are the different holy books? What are the different symbols of each religion?" Every religion has its customs (holidays, special foods, special clothing, etc.). Ask: "Who can think of a Christian holiday? A Muslim holiday?" Have the students bring to class visual aids like books, clothing, pictures, and any material connected to the subject. (See also *What Is God?* by Etan Boritzer, Firefly, 1990.)

Summarize the discussion by filling out with the class the following chart:

	Judaism	Christianity	Islam
Name for God			
How to Pray			
Place to Pray			
Holy Books			
Customs/ Holidays			
Symbols			

Point out to the class that while every religion has its own characteristics, most religions share a belief in God. Tell the students to recall the legend about God's wish that was discussed at the beginning of the class. Ask: "What did God want?" [God wanted people to love and respect one another.] Ask the students if they think this also refers to non-Jews.

Enrichment Activity: Tell the class another *midrash*: Running away from Egypt, the people of Israel succeeded in crossing the Red Sea. When they looked back, they saw their pursuers, the Egyptians, drowning in the sea. At that moment, "the ministering angels wished to sing before the Holy One (with joy), but God rebuked them, saying, 'My creations are drowning in the

sea, and you would utter song!'" (*Sanhedrin* 39) Remind the students that all human beings, even our enemies, are God's creations.

Workbook Activity (p. 20): Have the students color each doll, using different colors for different types of people: Indians, Chinese, etc., as well as different kinds of Jews: Americans, Israelis, Charedim (ultra-Orthodox), Ethiopians, etc.

Note: The *Shema* does not fall into any of the categories of request, praise, or thanks. It is not actually a prayer; it is a portion of Torah study. Our rabbis used the *Shema* to solve a practical problem. Jews are commanded to study Torah "day and night." (Psalms 1:2) Aware that most people would be unable to fulfill this *mitzvah*, the rabbis determined that *keriat Shema*, which is composed of selections from the Torah, would suffice as minimal daily Torah study. They chose these portions specifically because these portions present a statement of faith, the consequences for following or not following the teachings of Judaism, and the means of passing these teachings on to the next generation. Our usual summary activity that categorizes each prayer does not apply to the *Shema*. Present a challenge to the students by asking: "How should we depict the *Shema* in our diagram of the three flowers?"

VEAHAVTA

This lesson covers one page in the workbook.

Central Theme: The ways in which we show our love to God. It is particularly difficult to show our love to God since God—and God's love—is abstract. However, in this lesson, we will attempt to explore this difficulty.

Introduction: List the following on the board: my father, my mother, my pet.

Ask the students: "Why do you think I chose to write these words on the board? What do these words have in common?" [They are things we love.]

Enrichment Activity: Ask the students what other words they would add to the list. Hand out paper. Have the students choose one item from the list and have them write how they show their love for that item.

Note: Stress that we're not looking for the reasons one loves certain things but rather how the love is expressed. For example: If a student wrote "my father," ask: "Does he know you love him? How?" The answer might be: "I hug him; I tell him I love him; I behave the way he wants me to behave; etc."

After finishing this activity, the students should be asked to share their responses with the class. Stress the wide variety of ways we can show our love.

Workbook Activity (p. 21): Replace the list on the board with the word *God*. Explain to the class that the sentence on page 21 is the part of the *Shema* that talks about our love for God. With the students, translate the Hebrew. The meaning of the words (with all your heart, with all your soul, with all your might) is difficult. The specifics aren't crucial; the variety of ways we can show our love is most important. Explain that part of this verse relates to the fact that we must love God; the other part tells us how to show that love (caring for the world, caring for others, etc.). Which part is which?

Have the students write and illustrate: "How I show my love for God."

Conclusion: Just as we show our love to our parents, our pets, etc., in many different ways, so we also show our love to God in different ways.

VEHAYU HADEVARIM HAELEH

This lesson covers one page in the workbook.

Central Theme: In this lesson, we focus on one possible interpretation of this phrase, which talks about הַדְּבָרִים הָאֵלֶּה, "these things," as relating to the Ten Commandments. "These things" can also be interpreted as all the *mitzvot*. Since we have chosen the less common interpretation, it is important that the students understand that this one interpretation is not the only one.

Siddur Study: Read and translate the *Shema* until the end of the sentence

וְהָיוּ הַדְּבָרִים הָאֵלֶּה אֲשֶׁר אָנֹכִי מְצַוְּךָ
הַיּוֹם עַל לְבָבֶךָ.

Ask: "Which 'things' are meant?" Explain that according to one interpretation, "these things" relate to the Ten Commandments. Ask the students: "When did the people of Israel receive the Ten Commandments?"

Discussion: List the Ten Commandments on the board in two columns according to the conventional arrangement of five in each column. Ask the students to suggest a title for each column. (The conventional division is between the *mitzvot* between people and God—בֵּין אָדָם לַמָּקוֹם—and the *mitzvot* between people—בֵּין אָדָם לַחֲבֵרוֹ—with honoring parents serving as a bridge since honoring one's parents can be compared to honoring God.)

Workbook Activity (p. 22): Have the students write or draw each commandment in its appropriate "window."

VESHINANTAM LEVANECHA

This lesson covers one page in the workbook.

There are two alternatives for teaching this activity. While both are based on the same concept, one is for a parent-child workshop and the other for a regular class session. In the format of a parent-child workshop, the lesson can be used to explain to the parents the concept of the workbook *Ani Tefilati* and how the teacher and the students have worked on it throughout the year.

ALTERNATIVE I: PARENT-CHILD WORKSHOP

Central Theme: Parents are responsible for teaching their children Torah (in the most general sense of the word, meaning our traditions, Jewish values, etc.).

Introduction: With the students, introduce this workbook, *Ani Tefilati*, to the parents, explaining what it is, how it differs from a regular siddur, and how the students have worked on it throughout the year. Explain that in class the students have started learning the *Shema*, but they will need help from the parents to learn the section וְשִׁנַּנְתָּם לְבָנֶיךָ וְדִבַּרְתָּ בָּם. Write this statement on the board or on oaktag. With the students and the parents, translate the words and explain that according to this sentence, parents are responsible for teaching their children. Then divide the students and their parents into family groups and point out that each family group will have a task to perform.

Enrichment Activity: Give each family group: "Guidelines for Family Study" and a workbook.

GUIDELINES FOR FAMILY STUDY

1. What would you include in a list of three things that parents should teach their children?
   a.
   b.
   c.

2. The Talmud contains the text that teaches us what our rabbis said. Read the following text together:

   A father is obligated to circumcise his son, to redeem him, to teach him Torah, to take a wife for him, and to teach him a trade.
   Some authorities also say to teach him to swim. What is the reason? [His life may depend on it.]
   He who does not teach his son a craft teaches him to be a thief.

   (Babylonian Talmud, *Kiddushim* 29a and 30b)

Answer the following questions about the talmudic text:

   a. What things did the rabbis think parents should teach their children?
   b. Why do you think the rabbis chose these things? Why were these things considered important?
   c. The passage states that parents should teach their children Torah. In this case, Torah doesn't refer only to the stories and laws we find in the Torah but rather to the whole Jewish tradition and to Jewish values, that is, what Judaism teaches us about how to behave. Do you think parents, as well as teachers, should teach these things to their children? Why?
   d. Compare your original list with the rabbis' list. How are the lists similar? How are they different?

Have the family groups turn to page 23 of the workbook. The exercise on this page has two parts.

Workbook Activity (p. 23, I): Have the family group, working together, write a new list of things that parents should be responsible for teaching their children. (This is an opportunity to change the original list after discussion and the reading of the talmudic text.)

Workbook Activity (p. 23, II): Point out to the family groups that not only can parents teach children but children can also teach parents. In this part of the exercise, have the group list the things children can teach their parents.

Conclusion: After the families have completed the exercise, gather everyone together. Ask: "Is studying with your parents different from studying with a teacher? How? How did you feel working together? Was it easy or difficult? Did you enjoy working together?"

Teach the song *Veshinantam Levanecha*. (If the students already know the song, they should teach it to their parents.)

ALTERNATIVE II: REGULAR CLASS SESSION

Central Theme: Parents are responsible for teaching their children Torah (in the most general sense of the word, meaning our traditions, Jewish values, etc.).

Introduction: On the board, write the sentence וְשִׁנַּנְתָּם לְבָנֶיךָ וְדִבַּרְתָּ בָּם. With the students, work out its meaning. (It should become clear that according to this sentence, parents are responsible for teaching their children.)

Enrichment Activity: Divide the class into groups of four. Give each group a sheet of paper and the following instruction: Write a list of three things you would choose for parents to teach their children.

Gather the class together. Introduce the following talmudic text to show the students what our rabbis had to say about this.

   A father is obligated to circumcise his son, to redeem him, to teach him Torah, to take a wife for him, and to teach him a trade.
   Some authorities also say to teach him to swim. What is the reason? [His life may depend on it.]
   He who does not teach his son a craft teaches him to be a thief.

   (Babylonian Talmud, *Kiddushim* 29a and 30b)

To clarify the passage ask: "What things did the rabbis think parents should teach their children?" Tell the class to think of the phrase *Sink or swim*. Ask: "In this passage, what may 'swim' mean? Why do you think the

rabbis chose these things specifically? Why were these things considered important?" According to this passage, parents must teach their children Torah. In this case, Torah doesn't refer only to the stories and laws we find in the Torah but rather to the whole Jewish tradition and to Jewish values, that is, what Judaism teaches us about how to behave. Ask: "Do you think parents, as well as teachers, should teach these things to their children? Why?" As an optional activity, have the students prioritize the things about which the rabbis spoke.

Workbook Activity (p. 23): Have the students return to their original groups and reread their original lists. Tell them to decide if they wish to make any changes. Ask them to explain their reasons. On page 23, part I, of the workbook, have each student write the new list of things parents should teach their children. (The children should write their lists according to their own opinions.) For part II, have the students write the list of things children can teach their parents.

Conclusion: Gather the class together and sing *Veshinantam Levanecha*.

BESHIVTECHA BEVEITECHA…

This lesson covers two pages in the workbook.

Central Theme: The responsibility of parents for their children's education.

Introduction: Open the lesson with a review of the sentence וְשִׁנַּנְתָּם לְבָנֶיךָ and repeat the idea that parents are responsible for teaching their children. Remind the class that in our last lesson we spoke about some of the things parents should teach their children. Tell them that in this lesson we are going to examine the role of our parents as teachers in our day-to-day lives.

Discussion: Remind the students that we learn from our parents throughout the day. Ask: "What are some of the things you learn from your parents? Where does this learning take place? At home? At a park? On vacation?" Ask the students to give specific examples. Ask: "When does this learning take place? In the morning? At night?" Have the students give specific examples.

Explain that the Torah tells us about the different times and places when and where parents teach their children. The sages felt that these ideas were so important that they included them in the same prayer. Have the students turn to page 24 of the workbook to find the words from the *Shema* that relate to these ideas.

Workbook Activity (p. 24): With the students, read and translate the Hebrew. Have them write down the things they learn from their parents in each of the following situations: when they are at home, when they are out, when they go to sleep, and when they wake up. For example: When they are at home, they may learn to bake a cake; when they are outside, they may learn to appreciate the flowers; etc.

Workbook Activity (p. 25): After the students have completed the exercise on page 24, have them share some of their responses. Explain that according to Judaism, one of the most important things parents should teach their children is how to be good people.

Ask the students to give examples of times when their parents taught them how to be good people. (Those times may have been when they were at home, when they were walking outside, when they were going to sleep, when they woke up, whenever!) Have the children share several examples. On page 25, have the students write and illustrate an example of a time when their parents taught them how to be good people.

Note: Focus on one aspect of this prayer: parents as educators in all realms of life. It is also possible to interpret this prayer differently: At home and away, morning and night, one should talk about Torah. According to this interpretation, it is the Torah we should talk about under the different circumstances. However, we are focusing on the aspect of teaching one's children because it seems to be more relevant in a child's daily life.

UKESHARTAM LEOT AL YADECHA...

**And you shall tie them
as a sign upon your hand...**

וּקְשַׁרְתָּם לְאוֹת עַל יָדֶךָ...

This lesson on the study of *tefilin* covers two pages in the workbook.

Central Theme: Introduction to *tefilin*.

Note: Bring to class two pairs of *tefilin* for the children to examine. If you are not comfortable with the "laying" of *tefilin*, invite a guest (a parent, teacher, rabbi, older student, etc.) to demonstrate this procedure.

Introduction: Write on the board:
And you shall tie them as a sign upon your hand

וּקְשַׁרְתָּם לְאוֹת עַל יָדֶךָ

And they shall be for frontlets between your eyes

וְהָיוּ לְטֹטָפֹת בֵּין עֵינֶיךָ

Explain that this verse is found in the Torah. When our rabbis read this verse, they weren't sure of what exactly they were expected to do. Have the students work out the meaning of the following: וּקְשַׁר אוֹתָם = וּקְשַׁרְתָּם, "And you shall tie them." Ask: "What shall we tie? How shall we tie whatever it is?" Explain to the class that our rabbis understood "them" to refer to God's words, specifically the verses that command us to fulfill this *mitzvah*. (There are four such verses.) The rabbis wrote these verses on parchment and called them פָּרָשִׁיּוֹת. Ask: "But how shall we tie them?" Take one strip of parchment, wrap it around your arm, and ask: "Like this?" Some of the students may already have guessed that we are speaking about *tefilin*. Explain that the rabbis' solution to their quandary was to put the verses inside two boxes, tying one box around the arm and one box around the head. These boxes containing the verses are called *tefilin*.

Examination of *Tefilin*: Have the students examine the *tefilin*, comparing those for the head and those for the arm. Divide the students into two groups, giving each group a pair of *tefilin* to examine. Ask the following questions: "Which *tefilin* are for the arm? Which are for the head?" [The leather straps of the *tefilin* for the hand are arranged in the form of a noose so they can be tightened on the arm; the *tefilin* for the head have a circlet that can be adjusted to the circumference of the head.] Explain that there is also a difference inside the two boxes. The same verses are written in both *tefilin*, but the verses for the *tefilin* for the arm are written on one long piece of parchment, whereas the verses for the *tefilin* for the head are divided into four separate pieces of parchment placed in separate compartments. Ask: "Why is there a difference between the two?" [One explanation is connected to the Hebrew words אוֹת עַל יָדְךָ and טֹטָפֹת בֵּין עֵינֶיךָ. The first is singular, and the second is plural.]

Demonstrate, or have a guest demonstrate, the "laying" of *tefilin* and discuss the procedure. Focus on the שַׁדַּי that is spelled out on the *tefilin*, the significance of the placement of the *tefilin* (one by the heart and one by the mind), the significance of the knots, etc. (For background information about the *tefilin*, see the Appendix on pages 62–63.) Explain to the class that while explanations exist for all these things, because the *tefilin* are symbolic, many different interpretations may be given for them. Have the students discuss symbolism in ritual and share their ideas. Suggest other interpretations.

Explain that *tefilin* are put on during prayer every morning except Shabbat and festivals.

Workbook Activities (pp. 26-27): On page 26, have the students draw the *tefilin* for the arm and, on page 27, the *tefilin* for the head.

Conclusion: Remind the class that the *tefilin* are a solution the rabbis arrived at to fulfill a *mitzvah* from the Torah that wasn't completely clear. Inform the class that we will discuss more about *tefilin* in the next lesson.

UCHETAVTAM AL MEZUZOT BEITECHA UVISHARECHA

And you shall write them on the doorposts of your home and on your gates

וּכְתַבְתָּם עַל מְזֻזוֹת בֵּיתֶךָ וּבִשְׁעָרֶיךָ

The study of the *mezuzah* is divided into two lessons, covering two pages in the workbook.

LESSON I

Central Themes: Introduction to the *mezuzah*. Introduction to the concept of "symbol" as something that reminds us of something else. The *tefilin* and the *mezuzah* as Jewish symbols are reminders.

Introduction: Briefly review the previous lesson. Explain that in this lesson we are going to examine the rest of the verse to understand what it is all about.

Write on the board:

וּכְתַבְתָּם עַל מְזֻזוֹת בֵּיתֶךָ וּבִשְׁעָרֶיךָ.

With the students, translate the verse. Explain that the rabbis again found themselves in the same quandary. Ask: "What was their question this time?" [They didn't know what they were supposed to write and where to write it.] Tell the students that based on the previous lesson, they should be able to work out the "what." [God's words, the passages that speak about this commandment, which in this case are the first two paragraphs of the *Shema*] Ask the class: "But where should it go?" [The students will probably say "in the *mezuzah*, the box on the door."] Tell them that at this time we will discover the source of this custom with which they are all familiar.

Now explain several Hebrew architectural terms: The sides of the door were known as the *mezuzah*, and the top was known as the *mashkof*.

45

מַשְׁקוֹף

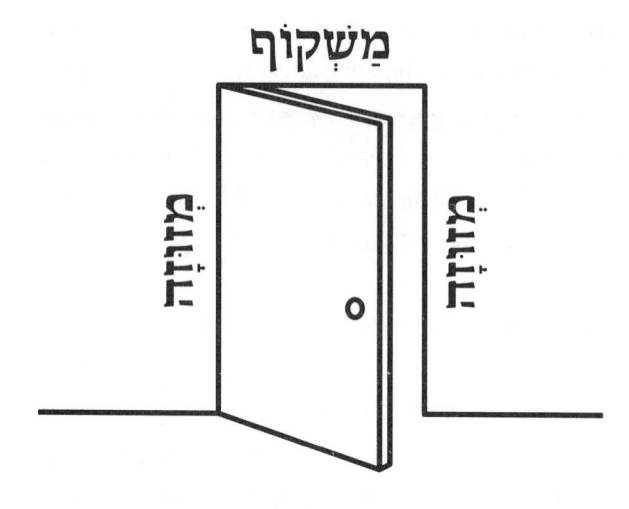

מְזוּזָה   מְזוּזָה

Ask the students: "According to this diagram, where should we put the selections from the Torah?" [on the *mezuzah*, the side of the door] The parchment was placed in a בֵּית מְזוּזָה (*beit mezuzah*), the box with which we are familiar that became known as the *mezuzah*. The rabbis originated the following laws regarding the *mezuzah*:

1. A scribe must write the text of the *mezuzah* on kosher parchment (*kelaf*).

2. The *mezuzah* must be checked every few years to make sure the writing remains legible.

3. There must be a *mezuzah* on every door and every opening signaling the entrance to a new room (except for closets and bathrooms). The *mezuzah* should be to the right of one who enters and to the left of one who exits.

4. The *mezuzah* should be hung one-third of the way down from the top of the door (at the height of an average adult's eye level). The *mezuzah* should be hung diagonally. (This was a compromise to an argument between Rashi and his grandson, another important rabbi. Rashi thought the *mezuzah* should be hung vertically; his grandson thought it should be hung horizontally.)

Discussion: Explain to the class: We must admit that the *mitzvot* of *tefilin* and *mezuzah* are unusual. It is a little peculiar to wrap bits of writing around one's head, hand, and door. Therefore, these practices must be important. Ask the students: "What could their purpose be?" After an open discussion, suggest (or if it has already been suggested, expand upon the ideas) that the *tefilin* and the *mezuzah* have the purpose of reminding us of certain things. The *tefilin* and the *mezuzah* are symbols that remind us that we are Jewish and that there is a specific way we are supposed to behave and live our lives. The *mezuzah* also reminds us of the Exodus from Egypt, a very important event in the history of the Jewish people. The *mezuzah* reminds us of all these things each time we enter our homes; the *tefilin* remind us of these same things (except for the Exodus) every morning, when we are still tired and when thoughts of the day begin to occupy us. The *tefilin* and the *mezuzah* serve to keep us focused on what is truly important. Some students may suggest that a *mezuzah* protects us. Discourage this concept with the following response: "Some people think of the *mezuzah* as having special powers to protect us. However, the *mezuzah* is not a magical object, but it can protect us by reminding us of what's important and how we should live."

Ask the class: "Why doesn't a synagogue need a *mezuzah*?" [There are two reasons: The synagogue is not a permanent dwelling, and the synagogue has a *Sefer Torah*, which, at least in principle, makes the extra reminder unnecessary.] Despite these reasons, however, some synagogues do have *mezuzot*.

Workbook Activity (p. 28): Preparation of a *mezuzah*. For each student, photocopy and distribute the sheet on page 64 of the Appendix. This is to be the *mezuzah* cover. On the *mezuzah* cover on the sheet, have the students write שַׁדַּי and decorate the cover. Have them cut out the *mezuzah* cover from the sheet and glue it along the shaded line on the right side of the workbook page. They will then be able to lift the *mezuzah* cover to read the text inside the *mezuzah*.

Siddur Study: Ask the children to find the *Shema* in the siddur. Explain that the *Shema* appears several times in different prayer services. Ask them why this is so.

Read the *Shema* and *Veahavta* together with the class. With the students, review the many activities they performed surrounding the various words in the text. Remind the students that although the *Shema* and *Veahavta* are relatively short, they are extremely rich in meaning.

Enrichment Activity: Preparation of a *beit mezuzah*. Have the students use oaktag with holes and yarn to "sew" it together, a test tube (draw on the tube with permanent markers to create a stained-glass effect), clay or fimo, or any other material. Many Jewish crafts books include suggestions.

Photocopy and distribute to the students the text they are to place inside their *beit mezuzah*. (The text appears in the Appendix on page 65.) Send the *mezuzah* home at the end of the next lesson, when you have finished the entire unit.

Make a *mezuzah* for the classroom. At the end of the next lesson, hang the *mezuzah* on the door.

LESSON II

Central Theme: Making a creative *mezuzah*.

Introduction: Briefly review the previous lesson, focusing especially on the purposes of the *mezuzah*: to remind us of what the Jewish tradition considers important, to understand the ways we should behave, to learn how to live a Jewish life, etc. Explain that in this lesson we will prepare a different kind of *mezuzah*.

Workbook Activity (p. 29): Have the students write five or six things they consider important to remember each time they enter their home. For example: Help mom and dad with the housework; don't fight with my sister; wear my Magen David around my neck.

After the students have finished writing their lists, have them decorate the *mezuzah*.

Conclusion: Conclude the lesson by saying, "Although we don't hang these kinds of *mezuzot* on our doors, it would be a good idea to think of these things each time we see a *mezuzah*. Each time we see a *mezuzah*, we should ask ourselves, "What am I supposed to remember? How should I behave?"

Concluding Activity: As a class project, have the students prepare a creative *mezuzah* in which they list the things they want to remember as a class. Have them mount the list on colored oaktag and decorate it. Using this creative *mezuzah* and the real *mezuzah* they prepared in the previous lesson, have the students conduct a ceremony for mounting a *mezuzah*. The ceremony should be festive and include refreshments, invited guests (e.g., another class, the principal, rabbi, parents), music, etc.

The traditional blessings are:

בָּרוּךְ אַתָּה ה׳ אֱלֹהֵינוּ מֶלֶךְ הָעוֹלָם אֲשֶׁר קִדְּשָׁנוּ בְּמִצְוֹתָיו וְצִוָּנוּ לִקְבּוֹעַ מְזוּזָה.

בָּרוּךְ אַתָּה ה׳ אֱלֹהֵינוּ מֶלֶךְ הָעוֹלָם שֶׁהֶחֱיָנוּ וְקִיְּמָנוּ וְהִגִּיעָנוּ לַזְּמַן הַזֶּה.

Have the students compose an additional blessing, e.g., "We hope and pray that in this class we will remember to _____."

Prepare a short written explanation of the *mezuzah* to be sent home with the children along with the *mezuzot* they prepared. Call the parents' attention to the fact that the *mezuzah* is not "kosher" unless it has a proper *kelaf*.

OSEH SHALOM

This lesson covers one page in the workbook.

Central Theme: The importance of peace.

Introduction: Explain: We've reached the end of our workbook. We haven't studied all the prayers; next year we will continue to learn more. Before we conclude for this year, let's examine one more prayer, a very important prayer, a prayer that is familiar to many of us.

Have the class turn to page 30 in the workbook.

Discussion: Read and translate the first line on page 30. Ask the students: "What does 'the One who makes peace in the heavens' mean? Which heavenly bodies live in the heavens?" Tell the students to imagine and describe the heavens without peace. [One reading of "peace in the heavens" could be that the heavens operate in an orderly fashion: The sun, moon, and stars all have their roles to play. Each appears in its own time and in a consistent place. Each is important; each shines. Have the students imagine a situation in which the sun and the moon competed with each other, the stars appeared at the wrong time and in the wrong place, etc.]

Enrichment Activity: Ask several students to dramatize an argument among the heavenly bodies. Have the students then suggest a solution to the conflict.

Discussion: Tell the students that when we talk about peace in the heavens, we should also think about peace in the natural world generally. Ask: "What does this mean?" [If we build upon the previous image, we can say that the world generally follows certain laws: day follows day, winter follows fall, the life cycle is indeed a cycle, etc.]

Read and translate the second line, "The One who will grant peace for us all." Explain that we are asking God to grant peace for the world of humanity. Have the class imagine and describe a world of peace.

Workbook Activity (p. 30): Have the children illustrate the prayer. In the upper rectangle, have them draw the natural world in a state of peace. In the lower rectangle, have them draw the human world in a state of peace.

Conclusion: *Oseh Shalom* is a prayer for peace. Ask: "Do you know any other prayers for peace?" [Some may know *Sim Shalom*.] Conclude by teaching and singing *Oseh Shalom* in various melodies.

Oseh Shalom—To which flower does it belong?

VA'ANI TEFILATI

This lesson covers two pages in the workbook.

Central Theme: Personal review and summary of the subject of prayer.

Note: Before you start this lesson, cover the flower diagram that is hanging in the classroom. Prepare petals from different colored wallpaper.

Introduction: Explain: Throughout the year we've studied some of the morning prayers, the prayers of שַׁחֲרִית. (Translate שַׁחַר and remind the class of בִּרְכוֹת הַשַּׁחַר.) Next year we will continue our journey through the siddur, and we will study more prayers. It is important to remember the many different prayers we learned during this year. (List the names of the prayers on the board. Add additional prayers that weren't included.)

Workbook Activity (p. 31): Have the children turn to the blank page in the workbook. Have them draw three stems with a circle on top of each stem. In each circle, have them write one of the following words: שֶׁבַח, בַּקָּשָׁה, הוֹדָיָה (as we did in class). Give each student several petals. Have the children write the name of a prayer on each petal and sort the prayer petals according to their category. (Tell the children not to glue the petals but to just lay them in place.) Tell them to add the *Shema* wherever they see fit. Stress that there is no "definitive" categorization because some prayers may fit several categories.

Uncover the flower diagram that is hanging in the classroom. Have the students check their work and give them the opportunity to justify or debate any given categorization.

Add additional prayers and blessings to the sorting activity: *Birkat Hamazon*, blessings over food, prayer songs the children may know (אֵלִי אֵלִי, תּוֹדָה עַל כָּל מַה שֶׁבָּרָאתָ etc.).

When all the petals are in place, have the children glue down the petals.

Workbook Activity (p. 32): For a closing activity, have the students write an essay on one of the following:
 1. My own prayer
 2. "For me, prayer is _____."

Conclude with a prayer song the children know and like.

Optional Activity: Have the students work in small groups to compose their own prayers. Have each group choose a subject for the prayer or a person for whom the prayer will be written. For example: a prayer for peace or a prayer for their parents, their teacher, their friends, etc. After the students have written the prayer, have them illustrate it and send it to the appropriate individual(s) or hang the prayers on the classroom bulletin board.

APPENDIX

APPENDIX

SAMPLE CATEGORIZATION OF THE PRAYERS

בַּקָּשָׁה	הוֹדָיָה	שֶׁבַח
	מוֹדה אֲנִי	מַה טֹּבוּ
	בִּרְכוֹת הַשַּׁחַר	בִּרְכוֹת הַשַּׁחַר
		הַלְלוּיָהּ
אֵלִי אֵלִי		אֵל בָּרוּךְ
	יוֹצֵר אוֹר	יוֹצֵר אוֹר
עוֹשֶׂה שָׁלוֹם		עוֹשֶׂה שָׁלוֹם

THE TALE OF BALAK AND BALA'AM

Fearing that the Israelites will attack his country, Balak son of Zippor, king of Moab, sends messengers to Bala'am son of Beor in Pethor, a town located on the Euphrates River in ancient Mesopotamia. Bala'am is known as a pagan prophet with special powers to bless and curse. Balak promises to pay Bala'am richly for cursing the people of Israel. When Balak's messengers tell Bala'am what their king wants, Bala'am asks them to stay the night while he considers the offer.

During the night, God tells Bala'am, "Do not go with them. You must not curse that people, for they are blessed." The next morning, Bala'am tells the messengers that he cannot accept Balak's offer. After these messengers report Bala'am's response, Balak sends other messengers who, as Balak has instructed them, promise Bala'am anything he wishes. Bala'am listens to the offer and declares: "Though Balak were to give me his house full of silver and gold, I could not do anything …against the command of God."

Later that night, God tells Bala'am to go with the messengers but to say only what God commands.

Bala'am sets out for Moab on his donkey. Along the way, an angel holding a sword appears in front of the donkey, blocking her way. The donkey swerves off the road. In anger, Bala'am beats her. Again the angel appears before the donkey. The donkey presses against a fence, hurting Bala'am's foot. Bala'am beats her with a stick. When the angel appears for a third time, the donkey sits down, refusing to move. Bala'am beats her again.

Finally, the donkey speaks, complaining to Bala'am, "Why are you beating me? Am I not the donkey you have been riding for many years? Have I behaved this way before?"

At that moment, the angel, with sword drawn, appears to Bala'am and reveals that had the donkey not turned aside, he would have killed Bala'am. Fearing the angel, Bala'am tells him, "I will turn back if that is what you wish." The angel answers, "Go with Balak's servants, but say only what I tell you."

When Bala'am arrives, Balak asks why he had

refused to come the first time he was invited. Bala'am answers, "I can say only the word that God puts into my mouth."

Bala'am orders Balak to build several altars and prepare sacrifices for them. Standing next to the sacrifices, Bala'am praises the Israelites, declaring, "How can I damn whom God has not damned? ... May my fate be like theirs."

Hearing this praise, Balak cries, "What have you done to me?" He then takes Bala'am to Pisgah, a high place where he builds seven altars. But, again, instead of cursing the Israelites, Bala'am blesses them, predicting, "No harm is in sight for Jacob, ... *Adonai* their God is with them."

Furious, Balak takes Bala'am to the peak of Peor. On seeing the Israelites camping below, the pagan prophet declares: "How fair [beautiful] are your tents, O Jacob,/Your dwellings, Israel!/ ... Blessed are they who bless you,/Cursed are they who curse you!"

(Reprinted from *A Torah Commentary for Our Times*, Volume Three: Numbers and Deuteronomy, Harvey J. Fields, UAHC Press, 1993.)

THE THREE "SKIPPED" BLESSINGS

בָּרוּךְ אַתָּה ה' אֱלֹהֵינוּ מֶלֶךְ הָעוֹלָם, שֶׁעָשַׂנִי יִשְׂרָאֵל.
בָּרוּךְ אַתָּה ה' אֱלֹהֵינוּ מֶלֶךְ הָעוֹלָם, שֶׁעָשַׂנִי בֶּן/בַּת חוֹרִין.
בָּרוּךְ אַתָּה ה' אֱלֹהֵינוּ מֶלֶךְ הָעוֹלָם, שֶׁעָשַׂנִי בְּצַלְמוֹ.

בָּרוּךְ אַתָּה ה' אֱלֹהֵינוּ מֶלֶךְ הָעוֹלָם, שֶׁעָשַׂנִי יִשְׂרָאֵל.
בָּרוּךְ אַתָּה ה' אֱלֹהֵינוּ מֶלֶךְ הָעוֹלָם, שֶׁעָשַׂנִי בֶּן/בַּת חוֹרִין.
בָּרוּךְ אַתָּה ה' אֱלֹהֵינוּ מֶלֶךְ הָעוֹלָם, שֶׁעָשַׂנִי בְּצַלְמוֹ.

בָּרוּךְ אַתָּה ה' אֱלֹהֵינוּ מֶלֶךְ הָעוֹלָם, שֶׁעָשַׂנִי יִשְׂרָאֵל.
בָּרוּךְ אַתָּה ה' אֱלֹהֵינוּ מֶלֶךְ הָעוֹלָם, שֶׁעָשַׂנִי בֶּן/בַּת חוֹרִין.
בָּרוּךְ אַתָּה ה' אֱלֹהֵינוּ מֶלֶךְ הָעוֹלָם, שֶׁעָשַׂנִי בְּצַלְמוֹ.

בָּרוּךְ אַתָּה ה' אֱלֹהֵינוּ מֶלֶךְ הָעוֹלָם, שֶׁעָשַׂנִי יִשְׂרָאֵל.
בָּרוּךְ אַתָּה ה' אֱלֹהֵינוּ מֶלֶךְ הָעוֹלָם, שֶׁעָשַׂנִי בֶּן/בַּת חוֹרִין.
בָּרוּךְ אַתָּה ה' אֱלֹהֵינוּ מֶלֶךְ הָעוֹלָם, שֶׁעָשַׂנִי בְּצַלְמוֹ.

בָּרוּךְ אַתָּה ה' אֱלֹהֵינוּ מֶלֶךְ הָעוֹלָם, שֶׁעָשַׂנִי יִשְׂרָאֵל.
בָּרוּךְ אַתָּה ה' אֱלֹהֵינוּ מֶלֶךְ הָעוֹלָם, שֶׁעָשַׂנִי בֶּן/בַּת חוֹרִין.
בָּרוּךְ אַתָּה ה' אֱלֹהֵינוּ מֶלֶךְ הָעוֹלָם, שֶׁעָשַׂנִי בְּצַלְמוֹ.

THE SHEPHERDS OF ABRAHAM AND LOT

From Egypt, Abram [later Abraham] went up into the Negeb, with his wife and all that he possessed, together with Lot. Now Abram was very rich in cattle, silver, and gold. And he proceeded by stages from the Negeb as far as Bethel, to the place where his tent had been formerly, between Bethel and Ai, the site of the altar that he had built there at first; and there Abram invoked God by name. Lot, who went with Abram, also had flocks and herds and tents, so that the land could not support them staying together; for their possessions were so great that they could not remain together. And there was quarreling between the shepherds of Abram's cattle and those of Lot's cattle…. Abram said to Lot, "Let there be no strife between you and me, between my shepherds and yours, for we are kinsmen. Is not the whole land before you? Let us separate: If you go north, I will go south; and if you go south, I will go north." Lot looked about him and saw how well watered was the whole plain of the Jordan, all of it—this was before God had destroyed Sodom and Gomorrah—all the way to Zoar, like the garden of God, like the land of Egypt. So Lot chose for himself the whole plain of the Jordan, and Lot journeyed eastward. Thus they parted from each other; Abram remained in the land of Canaan, while Lot settled in the cities of the Plain, pitching his tents near Sodom.

(Genesis 13: 1–12)

THERE IS ONE MASTER

A HISTORY-LEGEND

The rabbis of long ago also wondered about Abraham. What was he like when he was a boy?

How did he learn to believe that there is only one God in all the world?

They knew he was a most unusual man, and they created many legends about him.

Here is one:

Ages and ages ago, in a land called Babylon, there was a cruel and mighty king named Nimrod.

"I am a god!" Nimrod said.

"Nimrod is a god," the people repeated. And they bowed low before him.

One morning, Nimrod's magicians walked into the throne room. "O great and mighty king," they cried, "we bring you important news."

"Tell me," Nimrod commanded.

"Early this day, a baby boy was born to your servant Terah and his wife. We have learned that when this baby grows to be a man, he will call out to all who will listen, *'Nimrod is not a god!'*"

Nimrod looked sharply at the faces before him. No sound came from his mouth. No muscle stirred in his body. Only his fingers moved. They closed tightly around the golden arms of the throne chair.

Then, his lips formed a cruel smile. "That will never happen," he said. "Go to Terah and tell him *this*: 'Terah, servant of the great king Nimrod, hear the king's words. We have learned, through our magic, that someday your new son will bring trouble to our land. And so we order you to give us the baby immediately. *He must be killed this very day!*

'But do not be unhappy, Terah. King Nimrod's heart is full of love for you. He will not take your child for nothing. No! He will pay you a bagful of gold as soon as the child is dead!'"

When Terah heard Nimrod's message, he turned pale and cold. Standing in the doorway of his house, he said, "Tell our great king Nimrod that I cannot do as he asks. The baby he wants died soon after he was born."

The moment the messengers were gone, Terah dashed into the house.

"Listen to me, wife," he said in a low voice. Then he told the baby's mother all that had happened.

When Terah finished speaking, it was very still in the house. Only the sound of breathing could be heard. Then came whispering, and, finally, the sounds of quick movements.

Soon the baby was lying in a small box, covered with cloths of many colors.

"Can he breathe?" Terah's wife asked in a worried voice.

"He's fine," answered Terah, as he picked up the box and walked toward the door.

"Be careful," said the baby's mother softly.

Terah nodded and stepped outside. After a quick look around, he began to run as fast as he could.

When he reached the edge of the city, he stopped to catch his breath. But not for long.

In a few moments, he started to run again. This time, he didn't stop until he came to a very big rock. Hidden behind the rock was a deep cave.

Terah slipped through the narrow opening. He stepped into the cave, holding the box with the sleeping baby. He put it down gently in a dark corner.

"May the gods be good to you and protect you," he said tearfully. "I must leave you now."

The baby, whose name was Abraham, lived in that cave for three long years.

It was a time of strange and surprising happenings. Each morning when Abraham awoke, he found milk and honey prepared for his meal. With no help at all, he ate and drank until he was full.

When Abraham was only a few days old, he learned to walk. And by the time he was three, he knew how to think and talk like a man.

"The time has come for me to leave this cave," three-year-old Abraham said to himself one day. So he stepped out of his dark home of gray stone. He found himself in the bright world.

And then he wanted to run back! "Where are the walls? Where is the ceiling? Where are all the rocks and cracks that I know so well?"

But he stayed. And things he had never known before began to come to him.

Through his eyes came the colors of the world. Through his ears came the sounds of the world. And through his nose came the smells of the world.

"Who made all this?" Abraham asked in wonder.

"And who made me?" he added.

Quickly his eyes jumped from shape to shape and from color to color: grays, browns, greens, yellows, rounds, squares, lines, curves.

Then he raised his head and met the sun. Blinded for a moment, Abraham lowered his eyes and said, "Now I know. *This* great light made everything there is!"

All that day, Abraham prayed to the sun and bowed down before it!

Toward evening, the heavens began to change. Like a proud, handsome king, the yellow moon appeared. And the sun moved away. Soon it was gone.

Abraham breathed deeply. "The light that went away—*that* light did *not* make everything there is. No—it is *this* light—the one that chased the other off—it is *this* light that is the Maker and the Master of all the world!"

All that night, Abraham prayed to the moon and bowed before it.

But toward morning, the heavens began to change again. Now it was the moon that slipped away from the burning sun.

And Abraham knew he had been wrong both times. "*Neither* of these great lights made the things around me," he said. "And neither one made me. There must be another, a Master, greater than both of these, who made everything there is. To *Him* I will pray, and before *Him* I will bow down!"

(Reprinted from A *Child's Introduction to Torah*,
Shirley Newman, Behrman House, Inc., 1972.
With permission.)

ON TEFILIN

Jewish ritual objects and artifacts have rarely been accepted at face value. There has always been a strong tendency to interpret and analyze these objects from different points of view, thus infusing additional meaning into the rituals. In this essay, several interpretations for *tefilin* will be discussed. It is not important for these interpretations to be "right" or "wrong," sensible or far-fetched; the importance lies in their very existence: They reflect our need as human beings to find and create meaning in our ritual objects and actions.

Several interpretations have been given for the two parts of the *tefilin* and the division of the compartments into four for the headpiece and one for the handpiece. Some interpretations follow: One suggests that we should relate to Torah with our minds and our hearts. Another implies that the *tefilin* should influence all our senses. The five senses can be divided into two categories: those connected with the head—seeing, hearing, smelling, and tasting—and those connected with the hands—touching, the fifth sense. This concept is reflected in the *tefilin*: four compartments in the headpiece and one compartment in the handpiece. Lastly, some have suggested that while we should encourage differences of opinion (symbolized by the multiple compartments in the headpiece), we should aim for uniformity in practice (symbolized by the single compartment in the handpiece).

Some people have asked, "Why are all *tefilin* black?" We've seen colorful *kipot* and *talitot*, but *tefilin* are uniformly black. "Is there a reason for this?" Again, several suggestions have been made: One is that all Jews—wherever they live or whether they are rich or poor—should wear black *tefilin*, symbolizing the need for unity among Jews and their equality before God. (The white shrouds worn at death symbolize this same concept, albeit in this case it is the white that equalizes.) Another interpretation suggests that the one color of the *tefilin* serves to focus our attention on what is essential—the text inside—and prevents us from being distracted by a colorful but ultimately less important exterior.

The letter *shin* appears on the headpiece of the *tefilin*. On one side, we find a regular three-pronged *shin* (שׁ); on the other side, we find an unusual four-pronged *shin* (שׁ). Many have asked, "Why does the letter *shin* appear on the *tefilin*? What is the meaning of the four-pronged *shin*?" Several responses have been given. One is that the *shin* stands for *Shadai*, a name for God. The *tefilin* symbolize our relationship with God, and so it is appropriate that God's "initial" appears on them. Another response is that the prongs of the two *shins* together add up to the number 7, symbolizing the seven days of the week. A third interpretation is that the three prongs symbolize our forefathers, and the four prongs symbolize our foremothers. In this way, the *tefilin* connect us with our heroes and our history.

Finally, the knots of the *tefilin* are open to interpretation. According to some, these knots symbolize the bond between the individual and God and the bond between the individual and the people of Israel. By "laying" *tefilin*, we link ourselves to our history, our people, and a whole set of values. Through the *tefilin*, we bind ourselves to the yoke of *mitzvot* and commit ourselves to a Jewish lifestyle.

MEZUZAH COVER

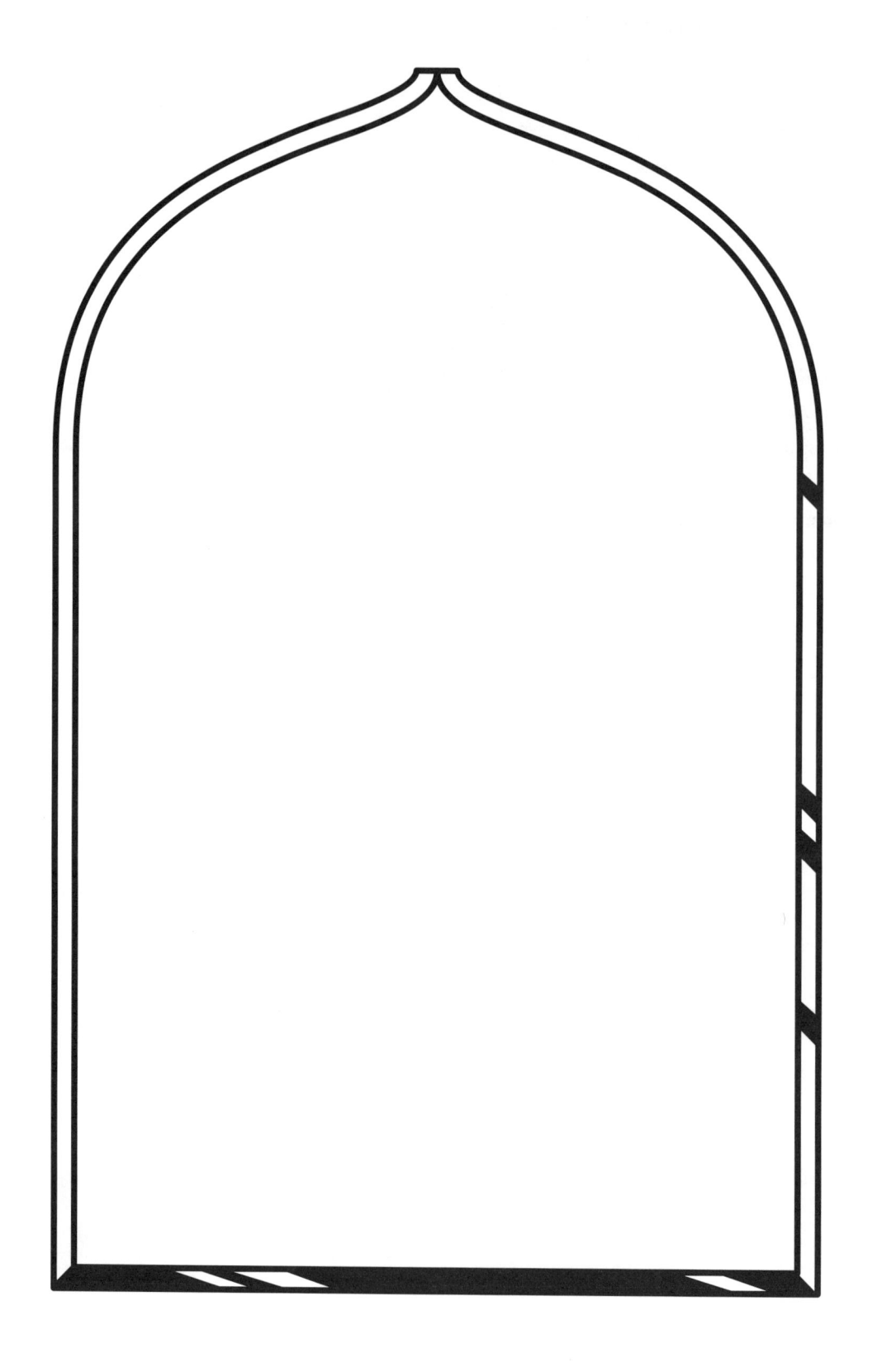

MEZUZAH TEXT

שמע ישראל יהוה אלהינו יהוה אחד ואהבת את
יהוה אלהיך בכל לבבך ובכל נפשך ובכל מאדך והיו
הדברים האלה אשר אנכי מצוך היום על לבבך ושננתם
לבניך ודברת בם בשבתך בביתך ובלכתך בדרך
ובשכבך ובקומך וקשרתם לאות על ידך והיו לטטפת
בין עיניך וכתבתם על מזזות ביתך ובשעריך
והיה אם שמע תשמעו אל מצותי אשר אנכי
מצוה אתכם היום לאהבה את יהוה אלהיכם ולעבדו
בכל לבבכם ובכל נפשכם ונתתי מטר ארצכם בעתו
יורה ומלקוש ואספת דגנך ותירשך ויצהרך ונתתי
עשב בשדך לבהמתך ואכלת ושבעת השמרו לכם
פן יפתה לבבכם וסרתם ועבדתם אלהים אחרים
והשתחויתם להם וחרה אף יהוה בכם ועצר את
השמים ולא יהיה מטר והאדמה לא תתן את יבולה
ואבדתם מהרה מעל הארץ הטבה אשר יהוה נתן לכם
ושמתם את דברי אלה על לבבכם ועל נפשכם וקשרתם
אתם לאות על ידכם והיו לטוטפת בין עיניכם ולמדתם
אתם את בניכם לדבר בם בשבתך בביתך ובלכתך
בדרך ובשכבך ובקומך וכתבתם על מזוזות ביתך
ובשעריך למען ירבו ימיכם וימי בניכם על האדמה
אשר נשבע יהוה לאבתיכם לתת להם כימי השמים
על הארץ

אני תפילתי
מדריך למורה

דוד ברודי ודינה טלר

פרויקט של התנועה ליהדות מתקדמת
רכזת הפרויקט: הרב נעמה קלמן

UAHC Press
New York

תוכן העניינים

מבוא	2
על התפילה	6
על הסידור	8
מודה אני	10
מה טובו	12
ברכות השחר	14
הללויה	18
יוצר אור	20
אל ברוך	22
והאר עינינו בתורתך	24
ודבק לבנו במצוותיך	26
קריאת שמע	28
ואהבת את ה' אלוהיך	32
והיו הדברים האלה	34
ושיננתם לבניך	35
בשבתך בביתך...	39
וקשרתם לאות על ידיך...	41
וכתבתם על מזוזות ביתך ובשעריך	43
עושה שלום	46
ואני תפילתי	48

מבוא

אליך המורה*

לפניך חוברת הדרכה המלווה את הסידור היצירתי. סידור זה נועד לכיתה א או ב. בכיתה א הילדים יתבטאו בעיקר באמצעות ציור, ובכיתה ב – בכתב ובציור. בגלל האופי המופשט של חלק מהחומר מומלץ ללמד אותו בכיתה ב.

המתח בין "קבע" ו"כוונה" בתפילה היהודית

המושג תפילה מעורר אצל רבים מאתנו אסוציאציות הקשורות לחוויות המתרחשות בבית הכנסת או בארועים משפחתיים, כגון: ברית מילה, בר מצווה, חתונה, סעודות שבת וחג. חוויות אלו מתקשרות בדרך כלל עם מקומות קבועים, עם אנשים מסוימים (רבנים, סבים) ועם נוסח קבוע (התפילות שבסידור). התפילות הנאמרות בבית הכנסת נראות לעתים יבשות, שיגרתיות, חסרות משמעות אישית. הוא הדין בבית הספר: כאשר התפילה נתפסת כחלק ממערכת הלימודים הרגילה, היא הופכת למשהו שחייבים לעשותו, כמו לימוד חשבון או מדע, אך ללא משמעות אישית למתפלל/ת.

הדבר נובע בעיקר מטבע התפילה היהודית, שיש לה ממד חזק של קבע – תוכן קבוע ונוסח קבוע שאנחנו מצווים לאומרם בכל יום.

אך היהדות מעולם לא הסתפקה בקבע. חכמינו טענו, שעלינו לשאוף להתפלל בכוונה ולתת משמעות אישית לתפילה שלנו. לדעתם, התפילה יכולה להתקשר למצבו האישי של כל אדם ולהיות משמעותית עבורו, ומשמעות זו יכולה להשתנות בהתאם לתנאים הפיזיים והנפשיים שלו. היהדות גורסת, שדווקא באמצעות ממד הקבע שבתפילה יכול האדם להגיע לכוונה אישית. אך האיזון בין "קבע" ו"כוונה" אינו מושג באופן אוטומטי – הוא דורש טיפוח. המסורת מספרת, שהחסידים הראשונים היו שוהים שעה שלמה (ואף יותר) לפני התפילה כדי להתכונן נפשית לקראת התפילה.

תכנית לימודים זו שואפת ליצור אצל התלמידים איזון בין "קבע" ו"כוונה" בחוויית התפילה, כך שהתלמידים ירגישו בנוח עם נוסח התפילה הקבוע, ובו בזמן תהיה לתפילה משמעות אישית עבורם. לכן,

תכנית הלימודים מתייחסת הן לתפילות מסוימות – למקור שלהן ולמשמעויות שלהן – והן למושג התפילה, מדוע אנחנו מתפללים, מה תפקיד התפילה בחיינו האישיים ובחיי הקהילה היהודית וכדו׳.

* מרבית הפעלים המתייחסים אל המורה כתובים בלשון נקבה, משום שהן הרוב, אולם הכוונה היא למורות ולמורים כאחד. מרבית הפעלים והפניות המתייחסים ללומדים כתובים בלשון זכר ונקבה כאחד.

כיצד מתמודדת תכנית הלימודים עם המתח הקיים בין ״קבע״ ו״כוונה״?

1. לכל תפילה יש משמעויות שונות. בחרנו במשמעויות המדברות אל הילד/ה הצעיר/ה.
2. אנחנו מעודדים את הילד/ה לבדוק את המשמעויות המקובלות, ונוסף לכך לגלות את המשמעות הייחודית של התפילה עבורו/עבורה.
3. אנחנו מעודדים את הילדים להגיב לתפילה באופן יצירתי.
4. תכנית הלימודים בנויה על בסיס תפיסה מסוימת של התפילה, משמעותה ומטרותיה (ברור שקיימות גם תפיסות אחרות). נציג להלן בקצרה את התפיסה האמורה, ובהמשך החוברת נדון בתפילות אחדות.

מהי תפילה? מדוע מתפללים?

רבים מאתנו חשים, שמעבר לעיסוקים היום־יומיים יש לחיים ממד של משמעות המתעלה מעל הכול ובאותה שעה הנו חלק מהכול. אפשר לקרוא לתחושה זו ״דחף רוחני״, ואנו מניחים שניצנים של דחף זה קיימים אצל כל אדם, החל בתקופת הילדות. אמנם ילדים לא מבטאים דחף זה במונחים כאלה, אך נראה שהצורך המתמיד של הילד להבין כיצד פועל עולמו וכיצד הכול משתלב יחד – מעידים על דחף זה.

יתר על כן, בחייו של כל אדם קיימות חוויות שהנן משמעותיות ובעלות עומק, חוויות שבהן הוא חש שקיים ממד מעבר לעצמו, מעבר לניסיון שלו ולהבנה שלו – ממד בלתי מובן ובלתי מוסבר. ברגעים קיומיים אלה האדם חווה רגש של פחד, עצב, התרוממות, תודה או רגשות אחרים – בעוצמה חזקה במיוחד. ברגעים אלו הדחף הרוחני הוא חזק ביותר.

הניסיון להתקשר עם הרובד הרוחני הזה, עם ה״מעבר״, או בלשון המסורתית – עם האלוהים – הנו ״תפילה״.

לפי תפיסה זו, התפילה היא צורך אנושי אוניברסלי, אך דרכי הביטוי שונות מתרבות לתרבות ומדת לדת. לא תמיד מופנית ההתבטאות הזו לישות אלוהית, אך תמיד היא מבטאת מציאות הקיימת מעבר לחיים הפיזיים והיום־יומיים של האדם.

במובן זה, חוויית התפילה רחבה יותר ממה שלעתים קרובות נתפס כתפילה. במובן רחב זה של התפילה, אדם הרואה שקיעה מהממת ואומר ״יה, הלוואי שאצליח״ – מבטא תפילה.

על אף שהתפילה היא אוניברסלית, התפילה **היהודית** היא ייחודית. התפילה היהודית היא אישית וספונטנית, אך עם זאת היא כוללת מערכת קבועה של תפילות. היא מצווה מה לומר ומתי. והשאלה המתבקשת היא: מדוע המערכת הקבועה חיונית ביהדות, כשלכאורה היא פועלת בניגוד לטבעה האישי והמידי של התפילה?

מדוע בעצם קיימים זמנים קבועים לתפילה וסדר תפילות מסוים?

נביא מספר תשובות:

1. הנוסחים הקבועים מועילים, על אף שרעיון התפילה הספונטנית עשוי להלהיב. לעתים קרובות כאשר אדם בא להתפלל הוא חש שאין מילים בפיו. הכול נשמע פתאום בנלי ונדוש. הנוסח המסורתי (ה״קבע״) עשוי לסייע לנו לבטא את רגשותינו, לתת ״לבוש״ מילולי לרעיונות ולתחושות שלנו (ל״כוונה״).
2. יש בחיינו תקופות, שהממד הרוחני נראה ״רדום״ בהן. אנו כה שקועים במשימות יום־יומיות עד שענייני הרוח נמצאים בתחתית סולם העדיפויות שלנו. במקרים מסוימים, אם נצפה שה״רוחני״ יעיר אותנו – ייתכן שלעולם לא נתעורר. המצווה להתפלל יום יום מבטיחה שנתייחס לתחום הרוחני; התפילות מאלצות אותנו לחשוב מעבר לצרכים המידיים שלנו. הן פועלות נגד השאננות,

הן מזכירות לנו שיש להעריך את העולם סביבנו ולומר "תודה" על הכל.

3. איננו יכולים להסתפק בתפילות אוניברסליות. התפילה היהודית הנה התגובה היהודית לחוויות שונות. היא קשורה לשפה העברית, לתרבות היהודית ולהיסטוריה היהודית. התפילה היהודית קושרת אותנו לעברנו ולמסורתנו. היא מגוללת בפנינו את החרדות ואת השאיפות שהיו לעמנו במהלך הדורות ומעניקה מסגרת לרגשות האינט־ימיים ביותר שלנו כעם. באמצעות מסגרת התפילה המסורתית אנחנו חשים שאיננו לבדנו, שאיננו מנותקים, שאנו חוליה נוספת בשרשרת ארוכת ימים.

4. התפילות היהודיות מזכירות לנו את מחויבותנו לערכים מסוימים. הן מסבות את תשומת לבנו לכך שאסור שדאגותינו האישיות תהיינה דאגותינו היחידות. התפילות מזכירות לנו שאנחנו אחראים על מעשינו בפני הזולת ובפני האל. התפילות מזכירות לנו שעלינו לחיות את חיינו בצורה מסוימת, בהתאם לערכים יהודיים. שורש המילה תפילה הוא פ ל ל – שמשמעו לשפוט. הפועל "מתפלל" הוא בבניין התפעל – כלומר הנושא פועל על עצמו. תפילה היא תהליך של שיפוט עצמי וביקורת עצמית: היא תהליך אינטרוספקטיבי, תהליך של ליבון והבהרה, שבו האדם מגלה מה הוא ומה עולמו, מה הוא יכול להיות וכיצד הוא יכול לבצע את השינוי. על התפילה להשפיע על חיינו ולגרום לכך שנתמיד לפתח את הרגישויות ואת ההתנהגויות שלנו בהתאם למסורת היהודית.

האתגר הגדול ביותר בתפילה הוא להגיע לכוונה אישית במטבע הקבוע של נוסח התפילה. הרבנים קראו לתפילה "עבודה שבלב" (ירושלמי, ברכות ד, א). זוהי בהחלט עבודה, עבודה פנימית, ברובד האישי ביותר.

ובכן, לעבודה...

מטרות תכנית הלימודים

א. התלמידים יבינו ש"תפילה" אינה רק מה שכתוב בסידור, אלא כל פנייה רגשית לאלוהים, כל תחושה של צורך או של רצון לדבר עם אלוהים הן תפילה. התפילות המסורתיות הן כלי עזר להתקשרות כזו.

ב. התלמידים יכירו מבחר קטעים מתפילת שחרית של יום חול.

ג. התלמידים ילמדו שסידור התפילה הוא תוצאה של התפתחויות היסטוריות, ושהם עצמם מהווים חוליה חשובה בשרשרת היסטורית זו.

ד. התלמידים ילמדו לפתח חשיבה דתית בהתאם לרמתם ולגילם, ויפתחו יחס חיובי לחשיבה זו.

ה. התלמידים יכירו ערכים יהודיים המוזכרים בתפילות ויתנו את דעתם לערכים אלה.

ו. **הילדים יתייחסו לתפילות באופן אישי, יגלו את המשמעות של כל תפילה עבורם, וכתוצאה מכך ירגישו שהתפילות מתייחסות למצב האישי שלהם. התלמידים ירגישו קשר ושייכות לתפילות המסורתיות, ויבינו שהתפילות שייכות לא רק "לאחרים" אלא גם "להם" במידה שווה.**

כיצד נעבוד בדפי היצירה?

- הלימוד ייעשה בשעת עיון־בתפילה ולפעמים במקום תפילת הבוקר, אך לא כחלק מהתפילה עצמה. חשוב להפריד בין לימוד תפילה לבין חוויית התפילה. כאן אנו דנים בלימוד התפילה, אך מטרתנו היא שהלימוד ישפיע על חוויית התפילה ויגרום לכך שהיא תהיה משמעותית עבור הילדים. עם זאת, מדי פעם בעת התפילה כדאי להזכיר רעיונות או מושגים שהועלו בעת לימוד התפילות כדי לקשר בין הלימוד לחוויית התפילה. רצוי לכלול בתפילה הכיתתית קטעי תפילה שהילדים חיברו במסגרת העיון.
- פירקנו כל תפילה ל"יחידות משמעות". הבאנו פירושים למילות התפילה ברמה המתאימה לילדים, לפי יכולתם, כשרונותיהם ומגבלותיהם להבין את המופשט. לעתים קרובות חילקנו משפט בן חמש מילים לשתיים־שלוש יחידות כדי לרדת

לעומקה של התפילה.

- לעתים מתמקד הלימוד בחלק קטן של התפילה בלבד, וחשוב שהתלמידים ילמדו את המשכה, לפחות מבחינת משמעות הפשט. כמו כן, חשוב שהתלמידים יראו את התפילות בסידור – את מקומם ואת הקשרם. לכן, כחלק מלימוד כל תפילה יש לפתוח את הסידור, למצוא את התפילה ולעיין בה (האם אנחנו מבינים את התפילה כולה? מה בא לפניה בסידור? האם יש משמעות למקום הימ־צאה?) עיון זה יכול להיות חלק מהשיעור או חלק ממעמד התפילה למחרת.
- דפי היצירה מהווים דגם ללימוד התפילה. התכנית מתייחסת לחלק מתפילות שחרית אך לא לכולן. ייתכן שמורה תמצא לנכון ללמד תפילות שאינן כלולות בתכנית, ולעומת זאת ייתכן ששיעורים מסוימים אינם מתאימים למורה (לתפיסותיה או לסגנון ההוראה שלה) או לקבוצת ילדים מסוימת. במקרים כאלה אנו ממליצים למורה לעבד את החומר המוצע בדרך המתאימה לה ולתלמידיה. בהכנת השיעור רצוי להיעזר בשאלות אלה.*

1. מה משמעות הטקסט הזה עבורי, אם בכלל?
2. באיזה הקשר חוברה התפילה, או לאיזה סוג של אירוע הגיב המחבר בחיבור תפילה זו?
3. האם גם אני הייתי פעם במצב דומה? אילו חוויות ורגשות התעוררו בי בעקבות הסיטואציה?
4. האם אני יכול לחלק את הטקסט לפרקים ברורים?
5. האם יש בטקסט מילות מפתח או תחביר מעניין או משמעותי (לדעתי)?
6. קרא/י את התפילה בקול רם. האם הקצב של התפילה מוסיף משמעות למילים?
7. על איזו שאלה (או שאלות) מנסה הטקסט לענות? מהן התשובות שהטקסט נותן? מהי ההתייחסות שלי לשאלות אלה?
8. מהו המשפט הבולט או הביטוי המשמעותי ביותר בטקסט?
9. אם הייתי מתייחס/ת ברצינות לטקסט, מה היה עלי לעשות? האם הטקסט מציע התנהגות מסוימת? כיצד יכול הטקסט להשפיע על חיי? האם זה מציאותי, רצוי ומועיל?

* השאלות נוסחו על ידי ד"ר שאול וקס.

על התפילה

נושא מרכזי: מהי תפילה?
מיון התפילות לשלוש קבוצות: בקשה, שבח, הודיה.

מבוא: הצעה לפתיחה: "היום נשוחח על פעולה שאנחנו עושים כל בוקר בבית הספר. מה זה יכול להיות? (מתפללים.) נדבר על התפילה". רושמים על הלוח את המילה "תפילה".

פעילות: נותנים לכל תלמיד/ה פתק שעליו הוא ירשום אסוציאציה אחת למילה תפילה. מבקשים מהתלמידים – אחד אחד – להדביק את הפתק על הלוח, סביב המילה "תפילה", ולהסביר את הקשר בין מה שרשמו לבין המילה תפילה. מנסים להגיע עם הילדים להגדרה רחבה של המילה. אין הכוונה להגדרה מדויקת, כוללנית, אלא לאוסף רעיונות.

בין היתר, זו הזדמנות טובה לדון בשאלה, "האם התפילה חייבת להיות מופנית ישירות לאלוהים?"

המורה מסבירה שיש סוגים שונים של תפילות: תפילות קצרות וארוכות, תפילות מן הסידור או מן הלב, תפילות שנאמרות כל יום, פעם בשבוע, פעם בשנה וכו'.

חכמינו נהגו למיין את התפילות לשלושה סוגים: בקשה, שבח והודיה. כאן על המורה להציג שלושה עיגולים שעליהם רשום:

(הוֹדָיָה) (שֶׁבַח) (בַּקָּשָׁה)

המורה והילדים מנסים להבין את פירוש המילים האלה (בשלב זה לא מתעמקים בנושא, רק מציגים את הקטגוריות). לכל עיגול מוסיפים גבעול, כך שנוצרים שלושה פרחים.

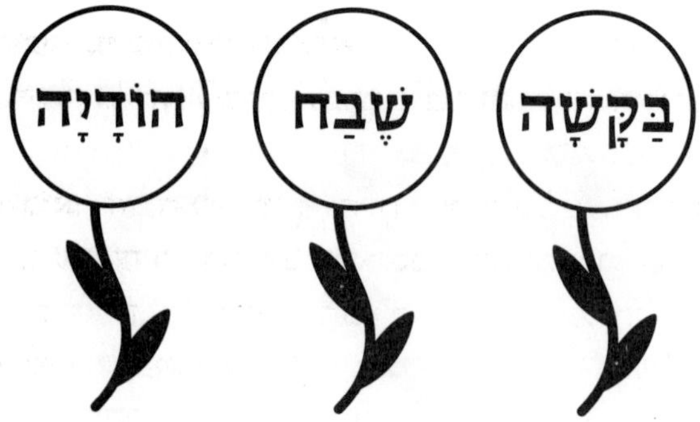

בַּקָּשָׁה
שֶׁבַח
הוֹדָיָה

המורה מסבירה, שבמשך השנה יהיה לתלמידים תפקיד: "יש לנו גבעול ועלה. מה חסר?

במשך השנה נבין עלי כותרת. אבל אי אפשר להוסיף עלי כותרת לפרח סתם כך; קיימת שיטה מסוימת; את השיטה לא נגלה עכשיו – תצטרכו לחכות עוד כמה שיעורים..."

סיכום: חזרה על הגדרות התלמידים למילה תפילה. הצעה לסיכום השיעור: "במשך השנה נלמד פעם בשבוע את נושא התפילה. אני מקווה שכך תבינו טוב יותר את התפילות שאנחנו מתפללים, ושחוויית התפילה תהיה חוויה מהנה".

הערה: במהלך השנה נשתמש בדימוי הפרחים כדי לסכם כל תפילה נלמדת. אחרי הלימוד נציג עלה כותרת שבו רשום שם התפילה. על התלמידים להחליט לאיזה פרח להוסיף את עלה הכותרת – לאיזה סוג תפילה הוא מתאים: בקשה, שבח או הודיה. לעיתים קשה להכריע בין שבח להודיה, וכדאי לקיים דיון בשאלה. לפעמים אפשר לשייך תפילה אחת לשני פרחים*. בסוף השנה אפשר להוסיף לפרחים עלי כותרת נוספים המייצגים תפילות נוספות המוכרות לילדים (ברכות הנהנין, ברכת שהחיינו, תפילות אישיות וכו'.)

לנושא התפילה תיוחד פינה אחת בכתה, אשר בה ייתלו הפרחים, ההגדרות שהומצאו לתפילה ע"י הילדים, ועבודות עתידיות שלהם. ניתן להעמיד שם גם תצוגה של חפצים הקשורים לתפילה, כמו סידורים שונים, כיפות וכדו'.

---

* בנוספה מובאת הצעה למיון אפשרי.

על הסידור

נושא מרכזי: הסידור כאוסף של תפילות שנכתבו במהלך הדורות.
סוגים שונים של סידורים, אך תפילות יסוד משותפות לכולם.
הצגת "הסידור היצירתי".

הערה: לקראת השיעור, המורה תבקש מהילדים להביא מהבית סידורים שונים.
מכינים תערוכת סידורים בפינת החדר.

מבוא: הצעת פתיחה: "בשיעור שעבר דיברנו על סוגים שונים של תפילות. מי יכול/ה להזכיר לנו את הסוגים השונים? (קצר/ארוך, בקשה/הודיה, מהסידור/מקורי שלנו וכו'.) יש אנשים, שכאשר הם חושבים על תפילות הם חושבים על תפילות שכתובות בסידור. מה זה סידור? (אוסף של תפילות בסדר מסוים.) מי חיבר את הסידור? (בני אדם במהלך הדורות.) בעבר, התפילות היו ספונטניות, אחר כך ראו צורך לרשום את כולן. מדוע?"

"יש לנו כאן אוסף של סידורים שונים (מפזרים את הסידורים בין התלמידים ומאפשרים להם לדפדף בהם). האם נוכל לגלות בכל סידור אותן התפילות? הבה ננסה! (כולם מנסים למצוא חלק מתפילות אלה: שמע, תפילות לשבת, תפילות לחגים וכד'.) האם לדעתכם כל הסידורים בעולם זהים בתוכם?" (הבסיס זהה – אך קיימים שינויים בעדות ובקהילות השונות. לדוגמה: בארץ יש תפילה לשלום המדינה, בחו"ל יש תפילה לשלום מדינת ישראל וגם תפילה לשלום המדינה שבה גרים המתפללים. נוסף לכך, יש סידורים בשפות רבות!).

הצגת הסידור היצירתי: המורה מסבירה: "נמשיך להתפלל בסידורים שלנו, אבל נכין גם סידור מסוג אחר – **סידור משלנו** – סידור אישי שיבטא את החוויות, את הרעיונות, את הרגשות ואת התקוות של כל אחד מאתנו. נקרא לסידור הזה 'סידור יצירתי' – כי אנחנו יוצרים אותו. כל שבוע נלמד תפילה או חלק מתפילה ונעבוד בדפי המשימות המתאימים בסוף יהיה לכל אחד מאתנו סידור יצירתי שלם."

הערה: חשוב להדגיש את האופי המיוחד של הסידור היצירתי – הוא יכלול תפילות ודינו כדין ספרי קודש. על כן יש להתייחס למשימות ברצינות ובצורה מכובדת.

מודה אני

לימוד התפילה מחולק לשני שיעורים, וכולל שני דפי יצירה.

מודה אני – שיעור א

נושא מרכזי: התפילה כדרך לומר "תודה" לאלוהים.

מבוא: מנהלים שיחה: מתי אנחנו רוצים להגיד תודה? למי מודים? על מה?

הערה: מתחילים בנושא "תודה" בכלל, לאו דווקא תודה לאלוהים. ילדים יכולים לדבר על דברים כגון: תודה להורים, תודה לדודה על שהיא קנתה לי אופניים, וגם תודה לאלוהים.

פעילות: למי נועדה התודה ובעבור מה? רושמים על הלוח טבלה ובה הטורים הבאים (וכל קטגוריה נוספת שהתלמידים יציעו):

תודה להורים	**תודה לחברים**	**תודה לאלוהים**

ממלאים את הטבלה על פי הצעות התלמידים. מנהלים שיחה: האם תמיד ברור להיכן יש לשייך כל דבר? האם ישנן תודות המתאימות לשני טורים בטבלה? למי אנחנו זוכרים בדרך כלל להגיד תודה?

עבודה בדף: בתפילת "מודה אני" אנחנו אומרים תודה לאלוהים. הכיתה תתיחס להבדלים בין זכר לנקבה באמירת "מודה אני". כל תלמיד ינקד לעצמו את המילה "מודה" על פי מינו. על התלמידים לצייר ולהסביר – "על מה אני רוצה להגיד תודה לאלוהים?"

פעולת רשות: אפשר לספר את המדרש הבא ולשוחח עליו:

רבי שמעון בן חלפתא היה אדם שמן. יום אחד

היה לו חם מאוד. הוא התיישב על גבי אבן על הר וביקש מבתו: "בתי, הניפי עלי במניפה ואני אתן לך כיכרים של נרד (מספר חבילות של בושם)". באותו רגע החלה לנשוב רוח נעימה. אמר רבי שמעון: "כמה עלי לתת לאדון הרוח הזו?"
(על פי בבא מציעא, דף פו, עמ' א)

סיכום: כפי שחשוב לנו לומר תודה לחברים, להורים, לקרובים וכו', כך חשוב לומר תודה לאלוהים.

מודה אני – שיעור ב*

נושא מרכזי: דיון במושג "נשמה".

"מודה אני" כתפילה שבה אנו אומרים לה' תודה על כך שאנחנו "אנחנו".

מבוא: מקיימים חזרה קצרה על תוכן השיעור הקודם, ואחר כך המורה שואלת: למדנו את שתי המילים הראשונות של תפילת "מודה אני"; האם מישהו או מישהי זוכר/ת את המשך התפילה? מחלקים סידורים, והמורה מבקשת מהילדים לחפש את התפילה. בודקים יחד את מיקום התפילה בסדר התפילות (בתחילת הסידור, לפני תפילת שחרית). לאחר מכן מעיינים בהמשך התפילה. מה כוונת המילים "שהחזרת בי נשמתי"?

"נשמה" זו מילה קשה להגדרה. כדי להגיע להבנה כלשהי של המילה נערוך השוואה בין ילד ישן לילד ער:

ישן	**ער**
נושם	נושם
חולם	מדבר, מספר, שואל, עונה
זז	זז ומתנועע בכוונה, ברצון
עינים עצומות	עיניים פקוחות
אינו יכול לענות כשמדברים אליו	שומע, יכול לענות

אפשר לומר, שהדברים המייחדים אותנו כאשר אנחנו ערים הם חלק מה"נשמה" שלנו. הנשמה היא שעושה אותי "אותי", את האישיות שלי, את ה"אני" שלי.

שיחה: "האם היית רוצה להחליף את נשמתך עם זו של מישהו אחר?" (אפילו אם חלק מהילדים יגיבו בחיוב, סביר להניח שלא יסכימו להחלפה קבועה.)

עבודה בדף: "חברו סיפור שמתחיל במילים 'בוקר אחד קמתי ולא הייתי עצמי!', ומסיים במילים 'ואני אמרתי, מודה אני לפניך מלך חי וקיים שהחזרת בי נשמתי בחמלה, רבה אמונתך.' (למי הפכת: לאמא? לראש ממשלה? לחיה?)"

סיכום: "עכשיו נבדוק את הפרחים שתלינו על הקיר לפני זמן מה. אמרנו שישנם שלושה סוגי תפילה: בקשה, שבח, והודיה". המורה מציגה עלה כותרת שעליו רשום "מודה אני" ושואלת: "לאיזה פרח נוסיף את עלה הכותרת?"

שיחה בכתה: מה עושה אותנו (כל אחד) מיוחדים? הילדים ודאי יציינו הבדלים פיזיים, ואז יש לשאול אם זה כל מה שמבדיל בינינו; מה עם תאומים זהים? יש לרשום את תגובות הילדים על הלוח. למשל: "יש אנשים חכמים יותר, מהירים יותר או אמיצים יותר מאחרים." מתוך הדברים יש להדגיש שכל אחד יש לו מכלול שהוא המייחד אותות ולמכלול זה קוראים אני "נשמה".

לפני שנים רבות האמינו אנשים כי בשעה שאדם ישן, עוזבת אותו נשמתו, ובהשכימו – מחזיר האל את הנשמה לבעליו. על-כך התחברה התפילה, כהודיה לאל על שהחזיר למתפלל את נשמתו. היום כבר אין אנו מאמינים כך, אך אנו עדיין מודים לאל על כך שברא אותנו – כל אחד במיוחדותו, ואנו מודים לאל שנתן לנו להנות מיום חדש נוסף.

* פעילות זו מבוססת על פעולה ממרכז מלטון, ניו יורק.

מה טובו

לימוד התפילה מחולק לשני שיעורים, וכולל שני דפי יצירה.

חומר רקע: בעבר נאמרה תפילת "מה טובו" בכניסה לבית הכנסת כדי להביע התפעלות מיופיו של המקום. במהלך הדורות הוכנסה התפילה לסידור כאחת מתפילות הקבע של שחרית, והיא נאמרת אפילו אם המתפלל אינו נמצא בבית הכנסת. המילים "מה טובו... ישראל" הן ציטוט מספר במדבר, מסיפור בלק ובלעם. בלעם היה נביא גוי שהוזמן על ידי המלך בלק לקלל את בני ישראל במקום לקללם (לצערו של המלך שהזמין אותו לקללו!).

השיעור הראשון מתייחס למקום שבו אנחנו מתפללים לאלוהים.

השיעור השני מתייחס לסיפור המקראי.

מה טובו – שיעור א

נושא מרכזי: מקומות תפילה שונים.

מבוא: פותחים בשאלה: "איפה נעים לך להתפלל? אילו תנאים מוסיפים לתפילה שלך?"

המורה כותבת על הלוח מספר תארים למקום שבו נעים להתפלל – שקט/רועש, חשוך/מואר, סגור/פתוח, גדול/קטן, מפואר/פשוט, לבד/עם אחרים וכו' – ומקיימת שיחה על כך עם הילדים.

סביר להניח שבית הכנסת יעלה כמקום לתפילה.

המורה שואלת: האם חייבים להתפלל בבית כנסת? מה מוסיף בית הכנסת לתפילה? (אווירה מיוחדת, אווירה של קדושה, תחושה של "יחד", תחושה של קהילה.) המורה מסבירה שיש תפילה שמדברת על המקום שבו אנחנו מתפללים. המשפט הראשון בתפילה הנו: "מה טובו אוהליך יעקב משכנותיך ישראל". אילו מילים במשפט מציינות מקום? (אוהל, המשכן) חכמינו הבינו את התפילה בזו כמתייחסת לבית הכנסת, אך כפי שאמרנו – אפשר להתפלל בכל מקום.

עיון בסידור: המורה מבקשת מהילדים לחפש את התפילה בסידור. היכן מקום של התפילה בסדר

התפילות? (בתחילת שחרית). אפשר להסביר לילדים ש"מה טובו" נמצאת בתחילת תפילת שחרית, מפני שאנשים נהגו לומר אותה כאשר הם נכנסו לבית הכנסת ורצו להביע את התפעלותם מיופיו של המקום. קוראים יחד את המשך התפילה ומסבירים מילים קשות. אפשר לבקש מהילדים לזהות את כל המילים המוכיחות לנו שמדובר כאן ב"בית" לאלוהים.

עבודה בדף: "אמרנו שאפשר להתפלל לאלוהים בכל מקום. ציירו בדף את המקום שבו הייתם רוצים להתפלל".

מה טובו - שיעור ב

נושא מרכזי: לימוד המקור המקראי של המילים "מה טובו אוהליך יעקב".

מבוא: פותחים בשאלה, "מהיכן באות התפילות שלנו?" (הסידור התפתח במשך דורות. מקורות התפילות - מגוונים. חלקן חוברו על ידי חכמינו, ובחלקן הם השתמשו בציטוטים מהתנ"ך. המורה מסבירה שמקורה של תפילת "מה טובו" הוא בתורה, בסיפור מרתק במדבר.

פעילות: קריאת סיפור בלק ובלעם (במדבר כב־כד).* אפשר לתת לילדים להמחיז את הסיפור. הסיפור מעט קשה בגירסה התנכית, לכן מצורפת גירסה מעט קלה יותר באדנדום המצורף לחוברת זו.

עבודה בדף: איור הסיפור המקראי.

סיכום: חכמינו רצו לבטא את תחושותיהם בעת כניסתם לבית הכנסת, ומצאו שדברי בלעם שנאמרו בעת שהביט באוהלי בני ישראל מתאימים גם להם. ישנן תפילות רבות, כתפילה זו, שמקורן בתורה. מענ־יין שאנו משלבים מילות תפילה של אדם לא־יהודי בתפילה היהודית המסורתית.

"מה טובו" - לאיזה פרח נוסיף את העלה הכותרת?

* עיבוד של הסיפור המיקראי מובא בנספח.

ברכות השחר

"ברכות השחר" מהוות תפילה שהינה מתאימה מאוד לגיל הרך היות והן קונקרטיות וקלות להבנה. לפיכך לימוד התפילה מחולק לשלושה שיעורים, וכולל חמישה דפי יצירה ודף למורה.

נושא מרכזי: ברכות השחר כאוסף של ברכות המתייחסות לשגרת הבוקר.

חכמינו נהגו לברך על כל פעולה שהיו עושים.
על ידי הבעת תודה על כל פעולה בחיים, קטנה ושגרתית ככל שתהיה, אנחנו יוצאים מהשגרה היום-יומית.

ברכות השחר – שיעור א

נושא מרכזי: "הבוקר שלי" – שגרת הבוקר של התלמידים.

מבוא: המורה מבקשת מתלמיד/ה אחד/ת להציג בפנטומימה את פעולות הבוקר (קימה, רחצה, צחצוח שיניים, אכילה וכו'). שאר הילדים מנחשים את הפעולות שהומחזו. המורה רושמת את הפעולות על הלוח (לחלופין, המורה יכולה להציג את הפעולות בעצמה).

עבודה בדף: על התלמידים לקפל את הדף לאורך הקו המקווקו. המורה מסבירה שבשיעור זה נתייחס רק לחצי הימני של הדף ולא לחלק השמאלי.
התלמידים רושמים ומציירים בדף חמש פעולות שהם עושים כל בוקר.

סיכום: המורה מבקשת מתלמידים שרשמו פעולות חריגה להציג את פעולותיהם בפנטומימה. על שאר הילדים לנחש את הפעולות.

ברכות השחר – שיעור ב

נושא מרכזי: פעולות הבוקר, לפי ברכות 1-5 מברכות השחר.

14

מבוא: חוזרים בקצרה על מה שנלמד בפעם הקודמת. הצעת פתיחה: "גם אנשים שחיו לפני מאות שנים קמו בבוקר וביצעו חלק ניכר מהפעולות שרשמנו בשיעור האחרון. קבוצת חכמים חיברו ברכה לכל פעולה שהם (ואחרים) עשו, כדי להודות לאלוהים על כל הדברים האלה. נוסח הברכות נועד לעצמם ולכל יהודי הקהילה. אנחנו מכירים את הברכות שבירכו חכמינו כל בוקר אך לא ידוע לנו מה בדיוק הם עשו כל בוקר. בעזרת הברכות ננסה לגלות כיצד התחילו חכמינו את יומם.

עיון בדף: עובדים על ברכות 1־5. המורה והתלמידים מנסים לגלות יחד את הפעולות המסתתרות מאחורי הברכות.

הערה: כאן יהיה צורך למסור מידע לתלמידים. הברכות מתייחסות לפעילויות מסוימות, כפי שאנו לומדים ממקור התפילה (תלמוד בבלי, מסכת ברכות, דף ס, עמוד ב). המקור התלמודי מובא בנספח #3, וכאן מובא התרגום והפירוש על פי הרב עדין שטיינזלץ.

1. הנותן לשכווי בינה להבדיך בין יום ולילה – הנותן לתרנגול שכל להבחין שהגיע בוקר.
2. פוקח עיוורים – פותח עיניים.
3. מתיר אסורים – מתמתח ומתיישב.
4. מלביש ערומים ־מתלבש.
5. זוקף כפופים – מזדקף.
6. רוקע הארץ על המים – כשיורד מהמיטה. מודה לאל שיש קרקע יציבה מתחת לרגליו.
7. מכין מצעדי גבר – הולך.
8. שעשה לי כל צורכי – נועל סנדל.
9. אוזר ישראל בגבורה – חוגר חגורה (בחגורה נהגו לשים חרב – סימן לגבורה).
10. עוטר ישראל בתפארה – לובש סודר.

כפי שמתברר בהמקור התלמודי, בעבר נאמרו ברכות אלו בבית לאחר ביצוע כל פעולה ופעולה. למשל, "כי שמע קול תרנגולא לימא (יאמר): ברוך אשר נתן לשכוי בינה". רק מאוחר יותר לוכדו כל הברכות למערכת אחת הנאמרת בבית הכנסת.

בדף, בין הברכה הראשונה לשנייה יש רווח, זהו מקומן של שלוש ברכות נוספות שמקורן בקטע תלמודי אחר. ברכות אלו שונות בתוכנן משאר הברכות, והן קוטעות את רצף הפעילויות של שגרת הבוקר. אנו נלמד אותן בשיעור השלישי של ברכות השחר.

עבודה בדף: התלמידים ממלאים את הצד השמאלי של הדף המקופל, הצד שבו כתוב "הבוקר לפי ברכות השחר". על הילדים לרשום ולצייר את הפעולות השונות המסתתרות מאחורי הברכות.

עורכים השוואה בין שני הטורים: הבוקר שלי והבוקר על פי ברכות השחר. מה משותף ביניהם? מה שונה? אילו פעולות של התלמידים מלוות ברכות?

השלמת הדף: על התלמידים לחבר ברכה שאינה כלולה בברכות השחר אך היא מתאימה לשגרת הבוקר האישית שלהם. עוברים בקצרה על יתר הברכות (נחזור אליהן בהרחבה בכיתה ג).

סיכום: אפשר לסכם את היחידה בלימוד האמרה "מעשה אבות סימן לבנים". מה אפשר ללמוד מאבותינו (כאן מחכמינו)? רמז: מדוע הם אמרו ברכה על כל פעולה? (אפשר ללמוד מהם, שלכל פעולה, קטנה ככול שתהיה, יש חשיבות. כאשר אנחנו מברכים על כל פרט, אנחנו שוברים את השגרה, נלחמים באדישות ובשאננות ומעריכים את מה שיש לנו).

ברכות השחר – שיעור ג

חומר רקע: שלוש הברכות שעליהן דילגנו הן:

ברוך אתה ה' ...שלא עשני גוי/גויה.
ברוך אתה ה' ...שלא עשני עבד/שפחה.
ברוך אתה ה' ...שלא עשני אישה/שעשני כרצונו (לנקבה).

ברכות אלו, מקורן בקטע תלמודי אחר (במסכת מנחות), והן נוספו לתפילה בתקופה מאוחרת יותר. הן קוטעות את רצף פעולות הבוקר המוצגות בתפילה, ויש הסבורים כי הן בעייתיות מבחינה ערכית.

לפי גישות לא־אורתודוקסיות, קיים אי־שוויון מסוים. לכן, בעת החדשה, אנשים בתנועה המסורתית ובתנועה ליהדות מתקדמת שינו את מילות התפילה וחיברו גרסה שונה:

ברוך אתה ה׳ ...שעשני ישראל.

ברוך אתה ה׳ ...שעשני בן־חורין.

ברוך אתה ה׳ ...שעשני בצלמו.

אנחנו ממליצים לדחות את הדיון על הבעייתיות של ברכות אלו לכיתה ג.

להלן פעילות לאלה שבוחרים להציג את הגרסה ה״מתוקנת״:

נושא מרכזי: הצגת שלוש הברכות ה״מתוקנות״.
דיון במושג ״האדם נברא בצלם אלוהים״.

מבוא: הצעת פתיחה: ״כפי שאתם רואים, בדף הראשון של ברכות השחר יש רווח בין ברכה מס׳ 1 לבין ברכה מס׳ 2. יש שלוש ברכות ששייכות לכאן, אבל הן שונות מהברכות האחרות בתפילה״. המורה מחלקת את הדף שבו שלוש הברכות, ושואלת במה הן שונות משאר הברכות (הן לא מתייחסות כלל לפעולות הבוקר). היא מסבירה, שהמקור של ברכות אלו שונה מהמקור של הברכות האחרות ולכן הן שונות בתוכנן משאר הברכות. המורה מסבירה בקצרה את המשמעות של שלש הברכות, ומציינת שהיום נתמקד בברכה אחת. לברכות האחרות נחזור בשלב מאוחר יותר.

התלמידים מדביקים את שלוש הברכות ה״מתוקנות״ ברווח שבין ברכה מס׳ 1 וברכה מס׳ 2. מעיינים בשתי הברכות הראשונות כדי לוודא שהתלמידים מבינים אותן. לאחר מכן מתמקדים בברכה השלישית:

״ברוך אתה ה׳ ...שעשני בצלמו״.

שיחה: ״בואו ננסה להיזכר בסיפור בריאת העולם. היכן למדנו את הרעיון של צלם אלוהים?״ (בראשית א, כו־כז). זו דוגמה נוספת של תפילה המבוססת על ציטוט מהתורה; איזו תפילה אחרת שלמדנו כוללת ציטוט מהתורה? (״מה טובו״).

מה משמעות המילה ״בצלם״? אפשר להוציא מצלמה ולשאול מה הקשר בינה לבין המילה ״צלם״ והמושג ״צלם אלוהים״. (מצלמה – לצלם – מה הקשר בין צילום של עץ והעץ עצמו? הצילום איננו הדבר עצמו אך הוא דומה לו מאוד. האם אפשר לצלם את האלו־הים? המלה ״צל״ דומה בצלילה למילה ״צלם״, ובשל כך כדאי לגעת גם בה. ״צל״ היינו דומה בצורתו לעצם, אך לא זהה. לעתים נראה כאילו מתחבא.

מה זאת אומרת שאדם נברא בצלם אלהים? (ישנם הסברים רבים וכדאי לפתוח את הדיון לכל הפירו־שים.)

עבודה בדף: המורה מבקשת מהילדים לכתוב ולצייר מצב שבו הם התנהגו כדוגמת האל. רושמים על הלוח:

ה׳ ברא את העולם. גם אני יוצר כאשר...

ה׳ קידש את יום השבת. גם אצלי השבת היא יום מיוחד, יום שבו אני...

ה׳ עזר לבני ישראל במדבר. הוא נתן להם מן לאכול ודאג לצורכיהם. גם אני עוזר לאנשים כאשר...

על הילדים לבחור משפט אחד, להעתיק אותו לדף, להשלים אותו ולאייר אותו.

ברכות השחר – לאיזה פרח נוסיף את עלה הכותרת?

פעילויות נוספות

א. המורה והילדים מעיינים בברכות השחר כדי ללמוד מתוכן על התנהגות האל ולהסיק מסקנות על ההתנהגות שלנו. לדוגמה: כתוב שהאלוהים ״מלביש ערומים״... כך גם אנחנו חייבים להלביש ערומים. מה זאת אומרת? (לתת צדקה.)

דוגמאות נוספת:

מתיר אסורים – פעילות להחזרת שבויים (פדיון שבויים).

פוקח עיוורים – לעזור למישהו להבין משהו (בהקשר זה אפשר ללמד את המצווה ״בפני עיוור לא תתן מכשול״ [ויקרא יט, יד,] יש שפירשו ׳עיוור׳ כמי שאינו מבין משהו).

זוקף כפופים – לעזור לאדם מושפל, לשמח ילד עצוב.*

אפשר להתייחס לכל הברכות ולהשלכותיהן בשיעור אחד, או לשלב אותן מדי פעם בשעת תפילת הבוקר או כחלק מלימוד הנושא "האדם נברא בצלם אלוהים".

ב. בשלב זה מדלגים על שני דפי יצירה: "ברוך ...שעשני ישראל" ו"ברוך ...שעשני בן חורין". לדף הראשון חוזרים לפני יום העצמאות, כאשר שואלים "מדוע/מתי אני גאה להיות חלק מעם ישראל?" לדף השני חוזרים לפני פסח, כאשר שואלים "מי אינו חופשי בימינו?"

מה אנו לומדים מרעיון זה? כיצד עלינו להתנהג? (הרעיון שהאדם נברא בצלם אלוהים מחמיא לאדם אך גם מטיל עליו אחריות עצומה. אם אנחנו דומים לאל, עלינו להתנהג בהתאם.)

הללויה

לימוד התפילה מחולק לשני שיעורים, וכולל שלושה דפי יצירה.

הללויה - שיעור א

נושא מרכזי: דרכים שונות שבהן אפשר להתפלל לה׳.

המוסיקה כאחת האפשרויות.

תפילה זו מספר תהילים, מקור חשוב של תפילות רבות.

מבוא: מנהלים שיחה - כיצד מתפללים לה׳? (יש להניח שרוב הילדים יאמרו: במילים, בתפילות וכד׳.) באילו צורות נוספות אפשר להתפלל לה׳? (בשירה, בריקוד ...)

המורה מסבירה: ״הידעתם בבבית המקדש היתה תזמורת? כאשר בית המקדש היה קיים, היתה שם קבוצה של אנשים במשבט לוי שהיו להם תפקידים מסוימים בבית המקדש. אחד התפקידים היה לנגן בתזמורת: הם שרו וגם ניגנו בכל מיני כלי נגינה״.

פעילות*: השמעת קטעי מוסיקה של כלים שונים. משמיעים כל קטע פעמיים. בפעם הראשונה הילדים מקשיבים, ובפעם השנייה רושמים תשובה לאחת מהשאלות הבאות (את התשובה רושמים במשבצת שבה מאויר הכלי של הקטע שהושמע):

אילו רגשות מעוררים בך הצלילים?

דמיין לעצמך תמונה המתאימה למוסיקה המושמעת עכשיו?

במה אתה נזכר כשאתה שומע את המוסיקה?

על מה אתה חושב? על מי אתה חושב?

לאחר שהילדים מסיימים את המשימה, עוברים יחד על חלק מהתשובות.

שיחה: הלוויים בבית המקדש ניגנו בכלים שחלקם היו בעלי צליל דומה לצלילים ששמעת עכשיו. מתי היית רוצה להתפלל בעזרת נבל? מתי היית רוצה להתפלל בעזרת חצוצרה? וכו׳. (לדוגמה: כינור - כאשר אני חושב על סבי החולה, חצוצרה - כאשר ניצחתי במרוץ.)

בימנו, ברוב בתי הכנסת אין מנגנים מוסיקה בשעת התפילה. יש הטוענים שאסור לנגן מפני שעלינו להתאבל על שבית המקדש נחרב ואיננו, וההימנעות מנגינה מביעה את צערנו. למרות זאת, ישנן קהילות שבהן מנגנים בזמן התפילה, כי לדעת חברי הקהילות הללו המוסיקה מוסיפה לתפילה (כאן עולה המושג "פלורליזם" במנהגי קהילות שונות). יש אנשים (בעיקר חסידים), הסבורים שריקוד מלווה בשירה הוא הדרך הטובה ביותר להתפלל.

שאלו את התלמידים: מה דעתכם? האם ביקרתם בבית כנסת שבו מנגנים בשעת תפילה? איך היה?

סיכום: כפי שקיימים אנשים שונים ומצבים שונים ומגוונים, כך יש גם דרכים רבות שבהן אפשר להתפלל לה'.

---

* פעילות זו חוברה בעזרת שירה שימחוביץ, ותודתנו נתונה לה על כך ועל תרומתה לחלק מהמבוא.

הללויה - שיעור ב

נושא מרכזי: לימוד התפילה "הללויה" - משמעות המלים.

הצגת הכלי המשוכלל ביותר - הקול.

מבוא: עורכים חזרה קצרה על המוסיקה בבית המקדש. המורה מסבירה שעכשיו ילמדו תפילה שמתארת את התזמורת שהיתה בבית המקדש.

הערה: חוקרי המוסיקה והתנ"ך אינם יודעים בוודאות אילו כלים מוסיקליים היו קיימים בתקופת המקרא. יש מקרים שבהם אנו משתמשים בשם המקראי של כלי נגינה עתיק לכלי נגינה מודרני השונה בצורתו ובצלילו מהכלי המקראי. אנחנו יכולים לשער כיצד נראו כלי הנגינה אז, אך חשוב שנהיה ערים לחוסר הוודאות שבדבר.

מילים קשות: מינים - כלי מיתר

צלצלי שמע - מצלתיים

עבודה בדף: המורה והתלמידים קוראים יחד את התפילה ומבררים את פירוש המילה "הללויה". המורה מבקשת המתלמידים לסמן בעיגול את שמות כלי הנגינה המופיעים בתפילה. מנסים לזהות את כל הכלים.

שיחה: "מדובר כאן בכלים רבים, אך עדיין לא דיברנו על הכלי המשוכלל ביותר שאלוהים נתן לנו - הקול." (אפשר לבדוק את קול האדם בדרכים שונות: לבקש מהילדים לשים את ידם על הצוואר ולחוש את המיתרים, לנסות להשמיע קולות שונים וכו').

קוראים יחד את השורה האחרונה של התפילה - "כל הנשמה תהלל יה". יש אנשים שהבינו ממשפט זה, שהמשורר דמיין לעצמו שלא רק בני אדם מהללים את ה' אלא גם כל יתר יצורי הבריאה עושים זאת. מה מוסיף רעיון זה?

עבודה בדף ("כל הנשמה"): הילדים מאיירים את הרעיון שכל יצורי הבריאה מהללים את ה'.

פעילות רשות: "התייחסנו לכלי מוסיקה ולקול האדם. האם אפשר להתפלל בלחש? האם יש תלמידים שמע־דיפים להתפלל בדומייה? הבה נשמע מהם מדוע הם מרגישים כך".

יש מדרש יפהפה המבטא את מוגבלות השפה בתחום הרוחני:

> "אמר רב אבין: האל דומה לאבן יקרה שאין ערוך לה. ככל שמעריכים אותה יותר, ממעיטים מערכה האמיתי"

(על פי מדרש תהלים פ"ב, ב)

לעתים הדומייה מבטאת דברים בצורה משמעותית וחזקה יותר ממילים.

סיכום: לדון עם התלמידים בשאלה הבאה: "בעקבות מה שלמדנו, האם אנחנו מעוניינים להכניס מדי פעם שינויים בתפילה הכיתתית (כגון נגינה או דקת דומ־ייה)?

"הללויה" - לאיזה פרח נוסיף את עלה הכותרת?

יוצר אור

לימוד התפילה כולל דף יצירה אחד.

נושאים מרכזיים: משמעות האור בחיינו. האור כסמל.
ברכת "יוצר אור" כתודה לאל, על האור בפרט ועל הבריאה והחיים בכלל.

מבוא: פותחים בחידה – "כל בוקר יש הפתעה בשמים. מה היא? לפי החכמים, זריחת השמש כל בוקר הנה הפתעה כיצד אפשר הבין את הזריחה כל בוקר כהפתעה? מה מפתיע בזריחה? החכמים שמחו כל כך בהפתעה זו עד שחיברו ברכה מיוחדת כדי להביע את שמחתם".

שיחה: מדוע שמחו כל כך? מדוע האור חשוב כל כך? (החושך מפחיד, קשה לראות בחושך, ללוא היה אור – הצמחים לא היו מתפתחים ולא היה לנו אוכל.)
אפשר להתייחס גם לתחום האסטרונומיה: כוכבים הנמצאים רחוק מהשמש הנם שוממים וחסרי חיים. כאשר אנחנו מודים לאלוהים על האור, אנחנו בעצם מודים לו על החיים.
נוסף לכך, הזריחה משמשת כסמל. כאשר חכמינו ראו את הזריחה, הם נזכרו בזריחה הראשונה, בבריאת העולם. כאשר חכמינו בירכו "יוצר אור", הם אמרו תודה לאלוהים גם על בריאתו את העולם.

פעילות: המורה שואלת את הילדים: "אם הייתם רוצים לחבר ברכה על הזריחה ועל האור, מה הייתם כותבים בה?" הילדים רושמים את הברכות שלהם על דף נקי.

עיון בדף: בואו נבדוק מה כתבו חכמינו. (קוראים יחד את הברכות.) האם הברכה של החכמים דומה לברכות שלכם? אילו דברים הוסיפו החכמים? מדוע הם כללו אור וגם חושך? (לפי פירוש אחד, הניגודים מוכיחים שהאל ברא את הכול.) מה הקשר בין "יוצר אור" ו"בורא את הכול"? מה הקשר בין אור לשלום? (כאן אפשר לשוחח עם על האור כסמל – מושג האור מעורר רגשות מסוימים.)

עבודה בדף: בחלק העליון הילדים מציירים ציור של "אור" וציור של "חושך". בחלק התחתון הם מציירים ציור למילים "ובורא את הכול". אילו דברים ברא אלוהים?

"יוצר אור" – לאיזה פרח נוסיף את עלה הכותרת?

אל ברוך

לימוד התפילה כולל דף יצירה אחד.

נושא מרכזי: "אל ברוך" – תפילה בצורת אקרוסטיכון, המשבחת את ה' בורא המאורות.

הערה: תפילת "אל ברוך" ממשיכה לפתח את נושא האור. הפיוט משבח את ה' על שהוא ברא את המאורות, והללו סובבים אותו כמו צבא ומהללים את כבודו.

מבוא: המורה רושמת על הלוח את אותיות הא"ב לפי סדרם, זו מתחת לזו, ומבקשת מהתלמידים לחבר יחד שיר המביע את אהבתם לבית הספר, לכיתתם או ליישוב שבו הם גרים. כל שורה צריכה להתחיל באות הכתובה על הלוח ולפי הסדר. המורה מסבירה שלצורת כתיבה זו קוראים "אקרוסטיכון" ושהיום נלמד תפילה שנכתבה בצורה זו.

עבודה בדף: המורה מחלקת את הדף ומסבירה שכתובה בו תפילה שחוברה בצורת אקרוסטיכון, אך בכל מילה הושמטה האות הראשונה ועל התלמידים להשלים את החסר **בעיפרון**.

שיחה: מנסים יחד לפרש את התפילה. אילו מילים קשורות לאור? נסו לדמיין באיזה מצב־רוח היה המשורר כאשר כתב את השיר? (הצעה אחת: פעם היה אדם שהתפעל מההתחדשות היום־יומית של השמש, הירח והכוכבים. כל יום הם היו נעלמים מהעין למספר שעות, ואז – כאילו במטה קסם – הם הופיעו שוב למחרת. הוא הרגיש צורך חזק לרשום את מה שעבר עליו והחליט לחבר שיר קטן (פיוט) המבטא את רגשותיו. הוא חיבר את השיר בצורת אקרוסטיכון, לפי סדר א"ב.)

מדוע, לפי דעתכם, הוא כתב לפי סדר א"ב? (אחת התשובות היא, שאנחנו מהללים את ה' בכל האותיות ובכל המילים האפשריות.)

סיכום: תפילות רבות הן תוצאה של חוויה אישית, שאדם רוצה להביע את רגשותיו.

"אל ברוך" – לאיזה פרח נוסיף את עלה הכותרת?

פעילות רשות (לסיום השיעור או לשיעורי בית):

א. אפשר לנצל הזדמנות זאת ולהתייחס לקישוט נוסף שקיים בסידורים רבים: קליגרפיה-אמנות עיצוב האות. רצוי להביא לכיתה מספר דוגמאות המראות כיצד קישוט האות יכול לתרום ליופיו של הסידור ולמשמעותו. על התלמידים לקשט את האותיות שהם כתבו בדף.

ב. התלמידים מכינים אקרוסטיכון משלהם – על פי סדר אותיות הא׳-ב׳ או לפי אותיות שמם.

והאר עינינו בתורתך

לימוד התפילה מחולק לשני שיעורים, וכולל שני דפי יצירה.

נושא מרכזי: התורה נמשלה לאור.
התורה, כמו האור, מבהירה ומאירה לנו את הדרך.

מבוא: מציירים ספר תורה על הלוח ומבקשים מהילדים להיזכר בסיפורי תורה שלמדו עד כה. רושמים את שמות הסיפורים על הלוח.

עיון בדף: מחלקים את הדף ושרים את התפילה לפי הלחן הידוע.

המורה מסבירה: "כפי שאתם שומעים בשיר ורואים בדף, בתפילה הזאת אנחנו מתייחסים לתורה. מה כוונת המילה 'והאר'? (הילדים יגידו: "קשור לאור".) מה תפקיד האור?" (עוזר לנו לראות, מבהיר, מאיר את הדרך.) עוברים עם הילדים על מספר ביטויים המראים את הקשר בין "אור" ו"הבנה" כגון: הפיץ אור על, האיר, מאיר עיניים (אפשר להיעזר במילון). כיצד התורה דומה לאור? (עוזרת לנו להבין כל מיני דברים, מאירה את דרכנו, מראה לנו כיצד לחיות.... כמה פעמים אמור אדם לקרוא את כל התורה? (לפחות פעם בשנה.) מתי מתחילים? מתי מסיימים? מדוע חוזרים על הקריאה כל שנה? (משנה לשנה אנחנו שונים – מבוגרים יותר, מסוגלים להבין יותר וכו'. לכן, על אף שהסיפורים אינם משתנים – אנחנו שומעים משהו חדש בכל פעם שאנו קוראים את הסיפורים. הסיפרו ששמענו בגן אינו אותו סיפור שאנחנו שומעים בכיתה ב או בכיתה יב. אפשר להביא לכיתה מספר ספרים ברמות שונות על ספר בראשית, או להביא דוגמאות של דף פרשת השבוע לכיתות נמוכות ולכיתות גבוהות, ולראות ששניהם מתייחסים לאותה פרשה אך ברמה אחרת.

פעילות: המורה מסבירה: "ברצוני לגלות לכם סוד". היא רושמת בפינת הלוח:

בכל סיפור בתורה יש מוסר השכל.

"בואו נדבר על סיפור אחד ונחפש את הלקחים שלו" (אפשר לנתח כל סיפור שרוצים).

הבה ניזכר בסיפור על המריבה בין רועי אברהם

לרועי לוט (בראשית יג, ה-יא): מי הן הדמויות? מה בדיוק קרה? מה היתה הבעיה? מי פתר אותה, ואיך? מה אנחנו לומדים מהסיפור"?

דוגמה למראה הלוח:

```
בכל סיפור
יש מוסר השכל
―――――――――
הריב בין רועי לוט
לרועי אברהם

לקחים:
1. _____
2. _____
3. _____
```

אפשר להעמיק בניתוח הלקחים בעזרת שאלות, כגון:
- האם לדעתכם יוכל ילד בגן ליישם את הלקח הזה? כיצד?
- האם אתה חושב שתוכל ליישם את הלקח הזה עם אחיך? עם הוריך? עם חבריך? כיצד?

"ראינו שילדים יכולים ללמוד דברים רבים מסיפור זה. האם גם למבוגרים יש מה ללמוד מהסיפור? חשבו על תכנית טלוויזיה שבה ראיתם מבוגרים מתווכחים. כיצד היית מיישם/ת את לקחי הסיפור המקראי כדי לייעץ להם איך להתפייס?"

המורה מסכמת: "אפשר למצוא בתורה לקח, מוסר השכל, דרכי חיים, המתאימים לכל אדם, בכל תקופה מחייו".

חוזרים לרשימת סיפורי התורה שחיברנו קודם ודנים עם התלמידים בלקחים העיקריים של הסיפורים השונים. להלן מספר דוגמאות:

אדם וחוה: קשה לעמוד בפני פיתויים; אי אפשר להתחבא מאלוהים.
נח: הרשע יכול להביא להרס ולחורבן.
אברהם והמלאכים: מידת הכנסת אורחים.

עבודה בדף: הילדים מציירים בתוך איור ספר התורה את סיפור התורה האהוב עליהם ביותר. מתחתיו הם כותבים את שם הסיפור ואת הלקח(ים) שלו.

סיכום: "בתפילת 'והאר עינינו' אנחנו מבקשים מאלוהים שיאיר את עינינו בתורה, ושיעזור לנו להבין את המצוות ואת הלקחים היכולים להדריך אותנו בתקופות השונות בחיינו".

ודבק לבנו במצוותיך

נושא מרכזי: הבהרת המושג "מצווה". מתן הזדמנות לתלמידים להתייחס למצוות בצורה אישית.

הערה: שיעור זה מתייחס להמשך הפסוק, למילים "ודבק לבנו במצוותיך".

מבוא: הצעת פתיחה: "מה זאת מצווה? (רצוי שההגדרה תכלול: מעשה טוב, ציווי מאלוהים). בואו נאסוף דוגמאות רבות של מצוות". יש לרשום את תשובות הילדים לפי קטגוריות, אך בלי לגלות מה הן הקטגוריות. אנו ממליצים למיין את התשובות לפי מצוות "עשה" ו"לא תעשה".

הערה: אנשים רבים ממיינים לפי "מצוות שבין אדם לחברו" ו"מצוות שבין אדם למקום". מיון כזה יכול להיות בעייתי, כי הוא עשוי לגרום לתפיסה מעוותת של היהדות – תפיסה שלפיה יש מצוות "דתיות" ויש מצוות "מוסריות". הפרדה כזו עלולה לגרום ליהודי להיות "דתי" אך לא "מוסרי", או להיות "מוסרי" אך לא להתייחס לפן הרוחני והטקסי העשיר של היהדות. חשוב להבהיר לילדים, שכל המצוות הנן מכלול אחד המכוון אותנו בדרכי החיים.

המורה מבקשת מהילדים לתת כותרות לשתי הקבוצות של המצוות.

שאלת רשות: "מה לדעתכם קשה יותר לבצע: 'מצוות עשה' או 'מצוות לא תעשה'?"

"ביהדות יש הרבה מצוות – נסו לנחש כמה" (תרי"ג מצוות – 613 – לפי המסורת המקובלת ביותר, אך יש מסורות שסופרות אחרת.)

עיון בדף: קוראים יחד את המשפט "ודבק לבנו במצוותיך". מה פירוש המילים? (בקשה מהאל שיעזור לנו לשמור את המצוות.)

עבודה בדף: יש לבחור באחד ההיגדים הבאים, להעתיק אותו לדף ולצייר אותו בתוך ציור הלב.
1. המצווה שאני הכי אוהב/ת לקיים היא ... כי...
2. המצווה החשובה ביותר היא... כי...
3. המצווה שאני עדיין לא מקיים/ת והייתי רוצה

לקיים היא...
בחרתי במצווה זו כי...

סיכום: בכל פעם שאנו מתפללים "ודבק לבנו במצוותיך", אנו מזכירים לעצמנו את מכלול המצוות שיכולות לכוון את חיינו ולהעשיר אותם.
אפשר להציע לילדים, שכל פעם שהם יאמרו את התפילה – הם יחשוב על מצווה אחרת.

עיון בסידור: קוראים את כל המשפט: "והאר עינינו בתורתך ודבק לבנו במצוותיך ויחד לבבנו לאהבה וליראה את שמך". עוברים על מילים קשות. אפשר לשאול, "האם אפשר לאהוב אדם וגם לפחד ממנו? מדוע, לדעתכם, חשבו חכמינו שחשוב שנאהב את ה' וגם נירא אותו? האם יש מצבים שבהם אנחנו אוה-בים את הורינו וגם פוחדים מהם?

"והאר עינינו בתורתך ודבק לבנו במצוותיך" – לאיזה פרח נוסיף את עלה הכותרת?

קריאת שמע

לימוד התפילה מחולק לעשרה שיעורים, וכולל שנים עשר דפי יצירה ודף למורה.

שמע ישראל – שיעור א

נושא מרכזי: "שמע ישראל" הנה קריאה לעם ישראל להאזין למסר מרכזי ביהדות.

מבוא: הצעת פתיחה: "בואו נדמיין שאני מאמינה מאוד במשהו, או שיש לי רעיון חשוב מאוד שברצוני לספר לכל האנשים בעולם. נדמיין שיש לי רמקול מיוחד שמסוגל לתרגם את המסר שלי לכל השפות הקיימות בעולם. ברגע שאני מדברת, כל אחד בעולם שומע את דברי. במקרה כזה אני חייבת לחשוב היטב מה המסר שאני רוצה למסור. אולי כדאי לי לרשום לעצמי את הדברים הכי חשובים שאני רוצה להעביר במסר שלי".

פעילות: מחלקים לילדים פתקים שעליהם הם ירשמו את המסר, את הרעיון או את האמונה שהם היו רוצים להעביר לכל העולם. בפינת הפתק הילדים מציירים ציור של כדור הארץ.

אחר כך מבקשים מהילדים להפוך את הדף, ובפינת הצד השני לצייר מגן דוד. מסבירים לתלמידים, שעכשיו הרשמקול משדר רק לכל היהודים בעולם, ועליהם לרשום את המסר שהם היו רוצים למסור ליהודי העולם.

המורה מסבירה: "אני מכירה מישהו שמסר מסר לכל היהודים – משה רבנו.

כאשר משה רצה לדבר עם בני ישראל, לא היו לו בעיות של תקשורת, כי כולם היו יחד במדבר סיני. נוסף על כך, הוא היה מנהיג מעולה, וכולם אהבו להקשיב לו. הוא היה עומד לפני כולם והיה אומר להם שתי מילים ואז כולם היו מקשיבים לו. אתם יוד-עים מה הן שתי המילים האלה, כי אתם אומרים אותן כל בוקר בתפילה. מה הן?" (שמע ישראל.) (לחלופין, אפשר להמחיז את הקטע הזה כשהמורה בתפקיד משה וההסבר יינתן בגוף ראשון.)

עבודה בדף: על הילדים להכניס את דברי משה לפיו בצורה של סיפור מצויר; עליהם לצייר את משה במקום גבוה ואחר כך את בני ישראל בהמוניהם (600,000 גברים + המשפחות שלהם!). מי שרוצה – יכול להדק את הפתק שלו לדף.

סיכום: המסר של "שמע ישראל" הוא אחד המסרים החשובים ביותר ביהדות.

המסורת מלמדת אותנו לומר "שמע ישראל" שלוש פעמים ביום! מהו המסר? על כך נלמד בשיעור הבא.

שמע ישראל – שיעור ב

נושא מרכזי: הרעיון המהפכני ב"שמע ישראל" – יש אלוהים אחד. משמעות האמונה והרעיון הזה.

מבוא: עורכים חזרה קצרה על המסר של משה לבני ישראל. רושמים על הלוח "שמע ישראל...אחד".

שיחה: איזו מילה היא החשובה ביותר במשפט? (ייתכן שהתלמידים יעלו מספר מילים, כולן חשובות. כאן אנחנו מתמקדים במילה "אחד".)

מדוע בחר משה במסר זה? מה כל כך חשוב בדברים אלה? למה היה חשוב למשה לומר שיש אלוהים אחד? האם היו אנשים שחשבו אחרת?

יש להסביר, שעד אז לא היה עם אחד שהאמין באל אחד – זו היתה מהפכה רעיונית. אך משה לא היה האדם הראשון שהאמין שיש אלוהים אחד – מי קדם לו? (אברהם.) התורה מספרת לנו מעט מאוד על ילדותו של אברהם ועל הדרך שבה הוא גילה שיש אלוהים אחד. שאלה זו עניינה את החכמים, והם חיברו סיפורים כדי להשיב על השאלה ולהשלים פרטים חסרים מחיי אברהם. סיפורים אלה נקראים מדרשים או אגדות.

יש מדרש המספר על אברהם כילד המחפש את אדון העולם. בתחילה הוא חשב שזה השמש או הירח, ולבסוף הוא הבין שחייב להיות אל אחד השולט על כל העולם, וזהו אלוהי ישראל.*

מה למד אברהם? (יש אל אחד השולט על כל הגורמים בעולם.) כיצד הוא למד זאת? (על ידי התבוננות בטבע.)

עבודה בדף: על התלמידים לקשט את הספרה הגדולה 1. (אפשרות אחרת – לצייר את המדרש או חלק ממנו בתוך המספר.)

סיכום: לפי היהדות קיים כוח שהוא מעל ומעבר לכל הכוחות האחרים הפועלים בעולם. כל הכוחות הם כוחות מוגבלים, ואילו האל הוא בלתי מוגבל. התפילת "שמע" אנחנו מצהירים על אמונתנו באל אחד.

פעולת רשות: הכנת "סרט". המורה והילדים מחלקים את המדרש לחמישה חלקים. כל ילד או קבוצת ילדים מצייר/ים חלק אחד על גיליון נייר אחד. מחברים את הגיליונות, ובכל קצה מהדקים מקל. "מקרינים" את הסרט (ה"מגילה") באמצעות "טלוויזיה" מאולתרת.

שמע ישראל – שיעור ג

נושא מרכזי: האמונה באל אחד – אדון הבריאה – והשלכותיה. האמונה באל אחד שברא את כל העולם, כולל את בני האדם, מלמדת אותנו לקבל ולכבד גם את מי ששונה מאתנו (אדם מארץ אחרת, ממוצא שונה, בצבע שונה, בן דת אחרת, נכה או מוגבל בצורה כלשהי, ועוד ועוד.)

הערה: אפשר להתמקד בדוגמה אחת של שוני ולפתח אותה בשיחה. כאן נדגים התייחסות לבני דתות שונות.

שיחה: הצעת פתיחה: "מי זוכר על איזה מספר דיברנו בשיעור הקודם? (אחד.) אם יש אלוהים אחד, אפשר להשוות אותו לאבא או לאמא של כולנו. האם מישהו זוכר או מישהי זוכרת תפילה שבה אנו מתייחסים לאלוהים כאל 'אבא' או כאל 'אבינו'? (יש הרבה; אפשר לרמוז שיש תפילה אחת שאומרים ביום כיפור – 'אבינו מלכנו'.) קיימת אגדה שבה אלוהים באמת נשמע כמו אבא; הוא אומר ל'ילדיו':

'בני מה אני מבקש מכם? איני מבקש אלא שתהיו אוהבים זה את זה ותהיו מכבדים זה את זה'

(תנא דבי אליהו רבה, כו)

*עיבוד מפורט של המדרש מובא בנספח.

"האם מישהו מכם שמע פעם בקשה דומה מההורים שלו/ה? (ברצוננו לפתח את הדימוי של אלוהים כהורה, ושל בני אדם כ'בני משפחה'.)

עכשיו נשאל שאלה קשה יותר: האם אלוהים הוא גם ה'אבא' של אנשים שאינם יהודים? (אם תלמידים אומרים 'לא', אפשר לשאול: 'אז יש אלוהים אחר לאנשים שאינם יהודים?') אם אמרנו שיש אלוהים אחד בלבד, עלינו להסיק מכך שהוא האלוהים וה'הורה' של כולם! כפי שאמר הנביא מלאכי: 'הלוא אב אחד לכולנו, הלוא אל אחד בראנו' (מלאכי ב, י)".

כאן מומלץ להתייחס לדתות אחרות בעזרת שאלות, כגון: "האם מישהו/מישהי מכם מכיר אדם שהוא לא־יהודי? לאיזה דת הוא/היא שייך/ת? האם ראיתם פעם מוסלמי מתפלל? כיצד הוא מתפלל? כיצד מתפלל אדם נוצרי? היכן מתפללים מוסלמים והיכן מתפללים נוצרים?

אף על פי שאמרנו שיש אל אחד, לכל דת יש שם שונה לאל האחד. איך קורא מוסלמי לאלוהים? איך קורא נוצרי לאלוהים? (אפשר לדבר גם על דתות אחרות: בודהיזם, הינדואיזם ועוד.)

לכל דת יש ספרים קדושים משלה המלמדים את עקרונות הדת וכיצד להתנהג. מה הם הספרים השונים? לכל דת יש המנהגים שלה (חגים, מאכלים מיוחדים, לבוש מסוים וכו'). מי יכול להזכיר לנו חג נוצרי? חג מוסלמי? מה הם הסמלים של כל דת?).

מומלץ מאוד להביא לכיתה אמצעי המחשה: ספרים, בגדים, תמונות, וכל מה שקשור לנושא. אפשר לסכם את ההשוואה הזאת בעזרת טבלה שתתמלא בשיתוף הילדים, כגון:

	יהדות	**נצרות**	**איסלם**
כיצד קוראים לאלוהים?			
היכן מתפללים?			
כיצד מתפללים?			
חגים ומנהגים			
סמלי הדת			

"ראינו שלכל דת יש אפיונים משלה, אבל יש דברים משותפים לכולם. אחד הדברים החשובים ביותר הוא שכל דת מתייחסת בדרך כלשהי לאלוהים. בואו ניזכר באגדה ששמענו בתחילת השיעור, זו שדיברה על בקשתו של האלוהים. מה הוא ביקש? (שבניו יאהבו ויכבדו אחד את השני.) האם לדעתכם זה נכון גם לגבי אנשים שאינם יהודים? האם עלינו לאהוב ולכבד נוצ־רים? מוסלמים?"

העשרה: אפשר לספר מדרש נוסף:

כאשר בני ישראל ברחו ממצרים והצליחו לעבור את ים סוף, הם הסתכלו אחורה כדי לבדוק את התקדמות רודפיהם המצרים, וראו שהמצרים טובעים בים! באותה שעה, מלאכי השרת ביקשו לשיר לפני הקדוש ברוך הוא (מרוב שמחה). אמר להם הקדוש ברוך הוא: 'מעשי ידי טובעים בים ואתם אומרים שירה?'

(על פי סנהדרין לט)

גם כאשר מדובר באויבים עלינו לזכור שהם יצורי אלוהים.

עבודה בדף: על הילדים לצבוע את ה"בובות", כך שכל בובה תייצג אדם שונה. כדאי שיכללו אנשים מארצות שונות, מדתות שונות, וגם יהודים שונים: חרדים, אתיופים וכדו'.

הערה: תפילת "שמע" אינה כלולה בקטגוריות של בקשה/שבח/הודיה. למעשה, היא איננה "תפילה" אלא קטע של לימוד תורה. באמצעות קריאת "שמע" פתרו חכמינו בעיה מעשית: אנחנו מצווים ללמוד תורה "יומם ולילה" (תהלים א, ג), אך קשה לאדם העסוק בעבודתו להתפנות לכך. חכמינו הסיקו, שקריאת "שמע" – שיש בה קטעים אחדים מהתורה – תוציא אותנו ידי חובת לימוד מינימלי. מדוע בחרו דווקא בקטעים אלה? מפני שיש בהם הצהרת אמונה מפורטת: במה חייב כל יהודי להאמין, מה יקרה אם הוא ישמע לדברי אלוהים ומה יקרה אם הוא לא ישמע, וכיצד להעביר את האמונה הזאת לדור ההמשך.

פעולת הסיכום הרגילה שלנו לא תתאים לתפילת "שמע", ואנחנו ניצבים בפני דילמה. כדאי לשתף את

הילדים בדילמה זו ולבקש מהם פתרונות – כיצד לשלב את "שמע" בתמונת הפרחים? (כעשב מסביב לפרחים? כזרעים? כפרפרים? כמסגרת מסביב לפרחים?)

ואהבת את ה' אלוהיך

לימוד "ואהבת" כולל דף יצירה אחד.

נושא מרכזי: הדרכים שבהן אפשר להביע אהבה לאלוהים.

הערה: יש דרכים רבות שבהן אפשר להביע אהבה כלפי גורמים שונים, אך קשה יותר להביע אהבה כלפי אלוהים, כי זוהי אהבה מופשטת יותר. ננסה להתמודד עם קושי זה.

מבוא: רושמים על הלוח: אמא שלי
אבא שלי
הכלב שלי

המורה שואלת: "מה לדעתכם משותף לכל הדברים האלה? נסו לנחש מדוע רשמתי אותם על הלוח" (אנחנו רוצים להתמקד ב"דברים שאני אוהב/ת").

פעילות: מחלקים דף חלק לכל התלמידים. על כל תלמיד/ה לבחור בדבר אחד מהרשימה ולרשום כיצד הוא/היא מביע/ה את אהבתו/אהבתה כלפי הגורם שבחר/ה.

הערה: חשוב להבהיר שאיננו מחפשים את הסיבה לאהבה אלא את הדרך שבה האהבה באה לידי ביטוי (לדוגמה: אם ילדה בחרה ב"אבא", אפשר לשאול אותה "האם אבא יודע שאת אוהבת אותו? איך הוא יודע?" תשובה" "כי אני אומרת לו, מחבקת אותו, אני מתנהגת אליו יפה" וכו').
הילדים מספרים זה לזה את תשובותיהם ומדגישים את הדרכים השונות שבהן אפשר להביע אהבה. אחר כך המורה מוחקת את הרשימה מהלוח ורושמת במקומה: ה'.

שיחה: "עכשיו נחשוב על משימה קשה יותר: כיצד אנחנו מבטאים את אהבתנו לאלוהים?".

עיון בדף: המורה מחלקת את הדף ומסבירה, "זאת תפילה שמתייחסת לאהבתנו כלפי ה'. הדף מחולק לשני חלקים: חלק אחד מצווה אותנו לאהוב את ה', והחלק השני מציע כיצד לבטא אהבה זו. איזה חלק

מצווה אותנו לאהוב את ה'? איזה חלק מתייחס ל'איך' לאהוב?"

הערה: המילים קשות, ואין צורך להתעמק בפירושן (לפי הפירוש המקובל – הכוונה היא "בכל כספך", אך פירוש מתאים יותר לילדים הוא "בכל החוזק שלך"). העיקר הוא להדגיש את מגוון הדרכים שבהן אפשר להביע אהבה ה'. מעלים לדיון את השאלה: כיצד אנחנו מראים את אהבתנו לאלוהים? (באהבת הבריאה שלו – בטיפוח עולם הטבע, באהבת הבריות – כולל עצמנו, בשמירת מצוותיו, בלימוד תורתו ועוד.)

עבודה בדף: יש לרשום ולצייר, כיצד את/ה מראה שאת/ה אוהב/ת את ה'? אחר כך משווים בין התשובות השונות.

סיכום: "כפי שאנחנו מראים בכל מיני דרכים את האהבה שלנו לאמא ולאבא, לאח או לחבר, כך אפשר לאהוב את ה' בכל מיני דרכים".

והיו הדברים האלה

לימוד "והיו הדברים האלה" כולל דף יצירה אחד.

נושא מרכזי: עשרת הדיברות.

הערה: לפי אחד הפירושים, המילים "הדברים האלה" רומזות לעשרת הדיברות. אמנם אפשר לפרש את המילה "דברים" כמתייחסת לכל המצוות, אך בשיעור נתייחס לפירוש הראשון בלבד, אחד של המילים, וחשוב להבהיר זאת לילדים.

מבוא: מעיינים בסידור, בפרשה הראשונה של "קריאת שמע". קוראים עד סוף המשפט "והיו הדברים האלה אשר אנוכי מצווך היום על לבבך".

המורה שואלת "באילו דברים מדובר?", ומסבירה שלפי פירוש אחד מדובר בעשרת הדיברות. עורכים חזרה קצרה:

"היכן קיבלנו את עשרת הדיברות? מי יודע/ת מה הן עשרת הדיברות?"

רושמים את עשרת הדיברות על הלוח בסדר הנכון, והמורה מבקשת הסבר לשני הטורים: "האם אתם יכולים למוצא כותרת לכל טור?" (לפי הפירוש המקובל, החלוקה היא "בין אדם למקום" ו"בין אדם לחברו", כאשר מצוות כיבוד אב ואם מהווה מעין גשר בין שניהם, כי כיבוד הורה קשור לכיבוד האל.)

עבודה בדף: הילדים גוזרים את ה"חלונות" לאורך הקווים המקווקווים ומניחים דף ריק מתחת לדף היצירה. הם רושמים או מציירים בכל "חלון" את הדיבר המתאים. בחלק התחתון של הדף עליהם להשלים את אחד ההיגדים הבאים:

- הדיבר החשוב ביותר בעיני הוא... כי...
- אני יכול/ה ליישם את הדיבר... במצבים האלה...

ושיננתם לבניך

לימוד "ושיננתם לבניך" כולל דף יצירה אחד.

לפעילות זו אנו מציעים שתי אפשרויות המבוססות על רעיון אחד. האפשרות הראשונה מיועדת לסדנת הורים־ילדים, אך אם אין אפשרות לקיים סדנה כזו, אפשר להעביר את הפעילות במסגרת שיעור רגיל (ראה להלן אפשרות ב).

אפשרות א – סדנת הורים־ילדים

נושא מרכזי: אחריות ההורים ללמד את ילדיהם תורה (במובן הרחב של המילה, כלומר המסורת שלנו, ערכי היהדות וכו').

הערה: אחת המצוות החשובות המוטלות על ההורה היא ללמד את בנו/בתו תורה (במובן הרחב של המושג תורה: המסורת שלנו, ערכי היהדות וכו'). כאן אנחנו מוסיפים רעיון: גם לילדים יש מה ללמד את הוריהם.

מבוא: המורה והתלמידים מציגים את הסידור היצירתי בפני ההורים. לאחר מכן מסבירים להורים, שבכיתה הגענו לקריאת "שמע" – התחלנו ללמוד את הקטע "ואהבת", וברצוננו להיעזר בהורים כדי ללמוד את הפסוק הבא: "ושיננתם לבניך ודיברת בם" (רושמים את המשפט על הלוח או על כרזה). מסבירים את המילה "ושיננתם" (לשנן – מלשון "שנן": לחזור על הלימוד פעמים רבות).

"אנחנו לומדים מפסוק זה שהורים חייבים ללמד את בניהם תורה. ועכשיו יש לכם משימה: נתחלק למשפחות, וכל משפחה תלמד טקסט מסוים ותענה על מספר שאלות".

מתחלקים למשפחות. כל משפחה מקבלת "דף הנחיה ללימוד משותף",* ואת הסידור היצירתי של הילד/ה.

בסוף הפעילות מתכנסים יחד והמורה שואלת: "מה ההבדל בין ללמוד עם הוריך וללמוד עם מוריך?" או: "איך היה לעבוד יחד? היה קשה? נהניתם?" שומעים תשובות ומתייחסים אליהן.

מלמדים את השיר "ושיננתם לבניך". אם הילדים מכירים כבר את השיר – הם מלמדים את הוריהם!

---

* דף ההנחיה מודפס בעמוד הבא כדי שאפשר יהיה לצלם אותו כמספר ילדי הכיתה.

דף הנחיה ללימוד משותף של הורים וילדים

1. לו יכולתם לחקוק חוק שיכלול שלושה דברים שכל הורה חייב לעשות עבור ילדיו, באילו שלושה דברים הייתם בוחרים?

    א. _____

    ב. _____

    ג. _____

2. בתלמוד ישנו קטע שממנו אנו לומדים שגם החכמים התלבטו בשאלה זאת:
    מאי כל מצוות הבן על האב?

    האב חייב בבנו למולו, ולפדותו (מצוות פדיון הבן הבכור), וללמדו תורה, ולהשיאו אישה, וללמדו אומנות (מקצוע, כדי שהוא יוכל להתפרנס), ויש אומרים אף להשיטו במים (ללמד אותו לשחות). רבי יהודה אומר: כל שאינו מלמד את בנו אומנות - מלמדו ליסטות (להיות שודד).

    (מסכת קידושין, דף כט, עמ' א)

    שאלות לדיון על הטקסט:

    א. באילו דברים בחרו חכמינו כדברים שכל הורה חייב לעשות לילדיו?

    ב. מדוע, לפי דעתכם, הם בחרו דווקא בדברים אלו? מדוע יש לדברים אלו חשיבות גדולה כל כך?

    ג. כתוב בטקסט שכל הורה חייב ללמד את ילדיו תורה. המילה "תורה" איננה מתייחסת רק לסיפורים ולחוקים שבתורה אלא גם למסורת היהודית בכללה ולערכי היהדות, כלומר - מה כל שהיהדות מלמדת אותנו. לפי דעתכם, האם יש חשיבות לכך שגם הורים ילמדו את ילדיהם ולא רק המורים בבית הספר? מדוע?

3. השוו את הרשימה המקורית שלכם לרשימת החכמים. מה משותף ביניהן? מה שונה?

4. עיינו בדף "ושיננתם לבניך", זה הדף הבא בסידור היצירתי. יש בו שני חלקים:

    ב**חלק א** עליכם לרשום רשימה **חדשה** של דברים שלדעתכם הורה חייב ללמד את ילדיו (תוכלו לשנות את הרשימה המקורית שלכם בעקבות השיחה שקיימתם אחר לימוד הטקסט התלמודי).

    חלק ב – אנחנו בטוחים שלא רק הורים מלמדים את ילדיהם אלא שגם לילדים יש מה ללמד את הוריהם. בחלק השני של הדף רשמו דברים שלדעתכם ילדים יכולים ללמד את הוריהם.

אפשרות ב – שיעור רגיל

נושא מרכזי: אחריות ההורים ללמד את ילדיהם תורה (במובן הרחב שלהמילה, כלומר המסורת שלנו, ערכי היהדות וכו').

מבוא: רושמים על הלוח את המילים "ושיננתם לבניך". המורה מסבירה שמשפט זה הוא חלק מקריאת "שמע". היא מסבירה את המילה "ושיננתם" (לשנן – מלשון "שנן": לחזור על הלימוד שוב ושוב). "אנחנו לומדים מפסוק זה שהורים חייבים ללמד את בניהם תורה".

פעילות: מתחלקים לקבוצות של ארבעה ילדים. כל קבוצה מקבלת דף ריק ודף משימה: אם הייתם יכולים לחקוק חוק שיכלול שלושה דברים שכל הורה חייב ללמד את ילדיו, באילו דברים הייתם בוחרים?

מתכנסים ולומדים יחד את הקטע התלמודי. המורה אומרת: "בואו נראה מה חשבו חכמינו בעניין זה".

> מאי כל מצוות הבן על האב?
> האב חייב בבנו למולו, ולפדותו (מצוות פדיון הבן), וללמדו תורה, ולהשיאו אישה, וללמדו אומנות (מקצוע, כדי שהוא יוכל להתפרנס), ויש אומרים אף להשיטו במים (ללמד אותו לשחות).
> רבי יהודה אומר: כל שאינו מלמד את בנו אומנות- מלמדו ליסטות (להיות שודד).

(מסכת קידושין, דף כט, עמ' א)

מלבנים את הטקסט בעזרת שאלות, כגון: באילו דברים בחרו חכמינו כדברים שכל הורה חייב ללמד את ילדיו? מדוע, לפי דעתכם, הם בחרו דווקא בדברים אלה? מדוע הם היו חשובים בעיניהם?

כתוב בטקסט, שכל הורה חייב ללמד את ילדיו "תורה". כאן מדובר לא רק על סיפורים ועל מצוות וחוקים שבתורה אלא גם על המסורת היהודית בכללה ועל ערכים של היהדות, כלומר – מה שהיהדות מלמדת אותנו בנוגע להתנהגות שלנו. לפי דעתכם, האם יש חשיבות לכך שגם הורים ילמדו את ילדיהם, ולא רק מורי בית הספר? מדוע?

אפשר גם לדרג את הדברים שברשימת החכמים לפי חשיבותם.

מתחלקים שוב לקבוצות. על כל קבוצה לקרוא שוב את הרשימה שחיברה, לדון אם ברצונה לשנות בה משהו ולנמק את החלטתה.

אחר כך עוברים לעבודה אישית: כל תלמיד מקבל דף "ושיננתם", ועליו לחבר רשימה חדשה.

נוסף לכך, עליו לכתוב אילו דברים יכולים ילדים ללמד את הוריהם.

סיכום: מתכנסים יחד ושרים "ושיננתם לבניך".

בשבתך בביתך...

בפעילות זו משתמשים בשני דפי יצירה.

נושא מרכזי: אחריות ההורים לחינוך הילדים.

לפי המסורת היהודית, הורים אחראים ללמד את ילדיהם. בניגוד לבית הספר, שבו מלמדים פורמלית בזמן השיעור, הורים מלמדים את ילדיהם באופן בלתי פורמלי בכל מצב. אחד הדברים החשובים ביותר שהורים מלמדים את ילדיהם זה להיות אדם טוב.

הערה: כאן אנחנו מתמקדים בפן אחד של התפילה: הורים כמחנכים.

אפשר לפרש את הפסוק פירוש אחר: "ושיננתם לבניך ודיברם בם (בדברי תורה) בשבתך בביתך ולכתך בדרך...", כלומר אנחנו אמורים לדבר דברי תורה בכל עת. בפירוש זה הושם דגש על לימוד תורה ופחות מכך על תפקיד ההורים כמחנכים.

בחרנו להתמקד בפירוש הקודם, כי לדעתנו הוא "מדבר" יותר אל הילדים והנו לגיטימי כאחד הפירושים של הפסוק.

מבוא: פותחים בחזרה על המשפט "ושיננתם לבניך" ועל הרעיון שהורים אחראים ללמד את ילדיהם דברים מסוימים. "דיברנו על המצב הרצוי, כלומר מה אנחנו חושבים שהורים אמורים ללמד את ילדיהם. היום נדבר על הדרך שבה לימוד זה בא לידי ביטוי בחיי היום-יום שלנו".

עבודה בדף (המחולק לארבע משבצות): עוברים על הביטויים בדף כדי לוודא שהכול ברור. מזכירים לתלמידים שאנחנו לומדים מהורינו בכל מיני הזדמנויות במשך היום. על התלמידים לרשום מה הם לומדים מהוריהם בכל מצב: כאשר הם יושבים בבית, כאשר הם נמצאים בחוץ, כאשר הם הולכים לישון וכאשר הם קמים בבוקר (דוגמאות: בשבתך בביתך – לומדים לאפות עוגה, בלכתך בדרך – לומדים כיצד לחצות כביש או להריח פרח ועוד.)
מתכנסים יחד ושומעים מספר תשובות.

פעולת סיכום: מסבירים לילדים, שלפי היהדות אחד הדברים החשובים ביותר שהורים אחראים ללמד את

ילדיהם זה איך להיות בן-אדם מוסרי, בן-אדם טוב. שואלים את הילדים, "מי יכול לספר לנו על מצב שבו ההורים לימדו אותו/אותה להיות אדם טוב? אולי זה קרה כאשר השכיבו אותך לישון, אולי כאשר טיילתם בחוץ...?" שומעים מספר דוגמאות.

מחלקים את הדף ומבקשים מהילדים לצייר ולרשום מצב כזה.

וקשרתם לאות על ידיך...

לימוד נושא התפילין כולל דף יצירה אחד.

נושא מרכזי: התפילין.

הערה: לשיעור זה יש להזמין הורה או מורה שידגים הנחת תפילין. נוסף לכך יש להביא בתי תפילין פסולים ופרשיות פסולות כדי שהילדים יוכלו לגעת בהם ולמשש אותם.

מבוא: המורה רושמת על הלוח "וקשרתם לאות על ידך והיו לטוטפות בין עיניך", ומסבירה שמשפט זה הנו חלק מפרשת "ואהבת" הכתובה בתורה. חכמינו הבינו מהפסוק שהם אמורים לעשות משהו – אבל לא היה להם ברור מה עליהם לעשות.

מנתחים את המילה "וקשרתם": יש לקשור אותם. את מה? חכמינו פירשו: אותם – את דברי אלוהים, וליתר דיוק – את פסוקי התורה שבהם אנחנו מצווים על מצווה זו (ישנם ארבעה קטעים כאלה). החכמים רשמו את הפסוקים האלה על קלף וקראו להם "פרשיות". אך היכן וכיצד יש לקשור את הפרשיות? אפשר לקחת קלף אחד ולשאול את הילדים: "היכן נשים אותו?" (המורה קושרת את התפילין סביב ידה.) סביר להניח שמספר ילדים יגלו כבר שמדובר בתפילין.

המורה מסבירה: "הפתרון של חכמינו היה לשים את הקלף בתוך קופסה קטנה; קופסה אחת קושרים על הזרוע וקופסה שנייה על הראש. לקופסאות אלה קוראים 'תפילין' (מהמילה תפילה)".

הערה: בשתי התפילין כתובות פרשיות זהות, אלא שבתפילין של יד כל ארבע הפרשיות כתובות על קלף אחד ארוך, ובתפילין של ראש – כל פרשייה כתובה על קלף נפרד, כך שיש ארבעה קלפים נפרדים וארבעה תאים בקופסה. לכל "קופסה" קוראים "בית".

ארבע הפרשיות הן: "קדש לי" (שמות יג, א־י), "והיה כי יביאך" (שמות יג, יא־טז), "שמע" (דברים ו, א־ט), "והיה אם שמוע" (דברים יא, יג־כא).

בדיקת התפילין: מאפשרים לילדים לבדוק את התפילין, ומשווים בין תפילין של ראש לתפילין של יד. רצוי לחלק את הכיתה לארבע קבוצות ולתת לכל אחת מהן זוג תפילין. איזו קופסה מיועדת ליד? איזו מיועדת לראש? מה ההבדל בין תפילין של ראש לתפילין של יד? (בתפילין של יד יש תא אחד, בתפילין של ראש יש ארבעה חלקים. מדוע? – רמז: בודקים את שתי המילים – וקשרתם לאות על ידך/והיו לטוטפות בין עיניך. איזו מילה כתובה בצורה יחיד, ואיזו בצורת רבים?

הדגמת הנחת תפילין: המורה, הורה או מורה אורח/ת מדגים/ה הנחת תפילין. אפשר לשוחח על מיקום התפילין (סמוך ללב וסמוך למוח – משום שעלינו להתייחס לדברי תורה ברגש ובשכל), על משמעות הקשרים של התפילין, על המילה "שדי" שנוצרת על ידי קשירת הרצועות, ועוד.*

הערה: על אף שיש הסברים לדברים הללו, התפילין הם גם סמל, כך שאפשר לפרש אותו בדרכים שונות. כדאי לנצל הזדמנות זו כדי לאפשר לתלמידים לנסות לפענח סמל בכוחות עצמם. לאחר שהם יציעו פירו-שים משלהם אפשר להציע פירושים נוספים.

מסבירים לתלמידים, שמניחים תפילין בתפילת שחרית, כל יום חוץ משבת וחג.

עבודה בדפים: על הילדים לצייר את התפילין של יד ושל ראש (אם מי שהדגים את הנחת התפילין נמצא בכיתה בשעת העבודה בדף, הילדים יוכלו לצייר גם אותו/אותה).

בשיעור הבא נתעמק במשמעות התפילין ומטרתן.

סיכום: התפילין הנן מעין "פטנט" שהחכמים הגו כדי שנוכל לקיים מצווה מהתורה שלא היתה ברורה כל צורכה.

---

* בנספח מובא חומר רקע על נושא התפילין.

וכתבתם על מזוזות ביתך ובשעריך

לימוד נושא המזוזה מחולק לשני שיעורים, וכולל שני דפי יצירה.

וכתבתם על מזוזות ביתך ובשעריך – שיעור א

נושא מרכזי: המזוזה.

מבוא להכרת המושג "סמל": דבר שמזכיר לנו דבר מה אחר. התפילין והמזוזה הינם סמלים יהודיים, מזכרות למשהו.

מבוא: חוזרים על מה שנלמד בפעם הקודמת. המורה מסבירה, שבהמשך הקטע שבו כתוב "וקשרתם לאות על ידך והיו לטוטפות בין עיניך", כתוב "וכתבתם על מזוזות ביתך ובשעריך". חכמינו שקראו פסוק זה התלבטו: מה לכתוב, והיכן לשים את זה? על פי מה שלמדנו בשבוע שעבר, הילדים יוכלו לענות על השאלה "מה לכתוב" (דברי אלוהים. כאן – פרשת "שמע" ופרשת "והיה אם שמוע" – הכוללות את המצווה לכתוב "על מזוזות ביתך). אבל היכן לשים אותם? מה זה מזוזות ביתך? (הילדים יגידו "במזוזה", בקופסה שעל הדלת.) כאן צריך להסביר מספר מונחים בנושא הבית: פתח, סף, משקוף, מזוזה. חשוב שהילדים יבינו את החשיבות ההבנה של מקורן של מילים המוכרות להם (מסורת).

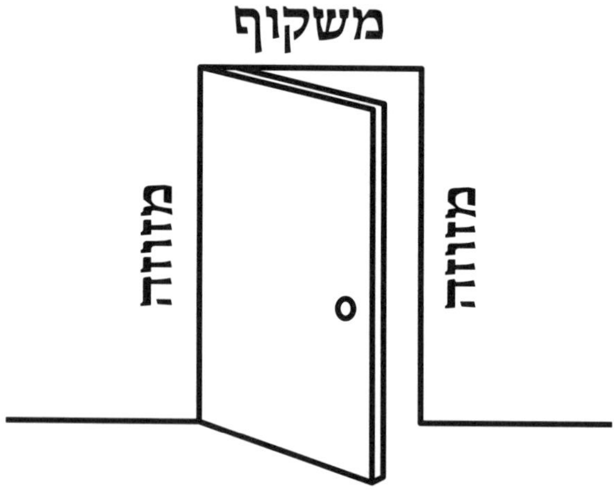

לפי תרשים זה, היכן נשים את הקטעים מהתורה? (על המזוזה – בצד הדלת). עם הזמן קראו לקלף

שבתוך הקופסה "מזוזה", והקופסה נקראה "בית מזוזה".

עכשיו, כאשר אומרים "מזוזה" – הכוונה לקלף ולקופסה יחד.

קיימים מספר חוקים בקשר למצווה זו:

1. כדי שמזוזה תהיה כשרה, סופר סת"ם חייב לכתוב את הטקסט על קלף כשר.
2. יש לבדוק את המזוזה כל כמה שנים כדי לוודא שהטקסט עדיין שלם ולא פגום.
3. את המזוזה קובעים על כל פתח וכניסה לבית ובתוכו, למעט חדרי ארונות וחדרי שירותים. מקום המזוזה – מצד ימין של הנכנס (שהוא צד שמאל של היוצא).
4. המזוזה נקבעת בתחילת השליש העליון של הדופן הימנית של המזוזה (בגובה עין של מבוגר ממוצע). המזוזה נקבעת באלכסון (זוהי פשרה בין דעת רש"י, שהעדיף לקבוע את המזוזה במאונך, לדעת נכדו, שהעדיף במאוזן).

שיחה: "מדוע, לפי דעתכם, קיימות מצוות אלו של תפילין ומזוזה? אם נהיה כנים עם עצמנו, מנהגים אלו נראים די משונים – אך כנראה שיש להם תפקיד חשוב. מה תפקידם? התפילין והמזוזה משמעות כסמלים-דברים מוחשיים שמזכירים לנו רעיונות. כאשר אנחנו מסתכלים במזוזה, אנחנו זוכרים את הפסוקים הכתובים על הקלף שבתוכה. מה הם? ("שמע", "ואהבת"). אנחנו זוכרים שיש אלוהים אחד. אנו זוכרים שאנו חייבים לאהוב אותו וללמד את הילדים שלנו את המצוות. המזוזה גם מזכירה לנו אירוע חשוב מאוד בהסטוריה של עמנו – יציאת מצרים. המזוזה גורמת לנו להיזכר בדברים אלו כל פעם שאנחנו נכנסים לבית. את התפילין מניחים כל בוקר – בשעה שאנו מתכוננים ליום החדש. התפילין והמזוזה מכוונים את לבנו ואת מחשבותינו לערכים חשובים מאוד של היהדות".

הערה: ייתכן שמספר תלמידים יאמרו שהמזוזה שומרת עלינו. איננו מעוניינים לייחס למזוזה כוחות עליונים. אפשר לענות תשובה כגון: "יש אנשים שחושבים שלמזוזה יש כוחות מיוחדים היכולים לשמור עלינו, אך המזוזה איננה חפץ קסמים. המזוזה יכולה לשמור עלינו בכך שהיא מזכירה לנו מה חשוב וכיצד עלינו להתנהג".

עבודה בדף: הכנת "מזוזה". מחלקים לתלמידים צורת מזוזה (נמצאת בדף למורה). הילדים רושמים עליה "שדי", מקשטים אותה, ומדביקים אותה לאורך הקו המקווקו.

עיון בסידור: המורה מבקשת מהילדים לחפש את "שמע". מגלים יחד שפרשת "שמע" מופיעה פעמים רבות. מדוע? קוראים יחד את "שמע" ו"ואהבת", ומסכמים את מה שנלמד עד כה. המורה מציינת, שאף על פי שהקטעים ב"שמע" וב"ואהבת" הם קצרים יחסית, יש בהם מסרים חשובים.

פעילות רשות: הכנת בית המזוזה. יש טכניקות רבות ושונות לכך. אפשר להשתמש בבריסטול, במבחנה (צובעים אותה בצורת ויטרינה), בחימר או בפימו, ועוד ועוד. הילדים מקבלים צילום של הטקסט ושמים אותו בתוך המזוזה. שולחים את המזוזה הביתה רק לאחר השיעור הבא. יש להדגיש שמזוזה זו אינה כשרה, היא רק לצורך לימוד ולא לצורך קיום המצווה.

נוסף על כך, יש להכין בית מזוזה אחד לדלת הכיתה (עם קלף אמיתי וכשר), שאותו יקבעו בהזדמנות אחרת.

סיכום: במבט ראשון, מצוות תפילין ומצוות מזוזה נראות די מוזרות, אך כאשר מעמיקים בהבנתן מגלים שהן רבות משמעות. וכפי שאפשר למצוא משמעות בכל הדינים של התפילין והמזוזה, כך קיימים רבדים רבים של המשמעויות במנהגים שאנחנו מכירים ביהדות.

חייבים רק להשקיע זמן לגילוי משמעויות הנסתרות.

וכתבתם על מזוזות ביתך ובשעריך – שיעור ב

נושא מרכזי: הכנת מזוזה יצירתית.

מבוא: חוזרים על תפקיד המזוזה – סמל המזכיר לנו את ערכי היהדות: לקחים של המסורת היהודית וכיצד עלינו להתנהג.

המורה מסבירה שהיום נכין מזוזה מסוג אחר.

עבודה בדף: על הילדים לרשום שישה דברים שהם חושבים שכדאי שייזכרו בהם בכל פעם שהם נכנסים לבית שלהם או לחדר שלהם.

דוגמאות:
1. לא לריב עם אח שלי.
2. לעזור להורים בעבודות הבית.
3. לזכור לומר תודה לה׳ על כל מה שעשה בשבילנו.

מקשטים את ה״מזוזה״.

סיכום: למרות שאנחנו לא קובעים את ה״מזוזות״ הללו על דלתות בתינו, כדאי שכל פעם שאנחנו רואים מזוזה נחשוב על הדברים האלו – מה עלינו לזכור וכיצד עלינו להתנהג.

פעולת סיכום לנושא המזוזה: מכינים ״מזוזה״ כיתתית בסגנון הנ״ל – רושמים בה את הדברים שחשוב לקבוצה לזכור. מדביקים את הרשימה על בריסטול ומקשטים.

עורכים טקס חגיגי של קביעת מזוזה, שבו קובעים את המזוזה הכשרה כשהיא נתונה בבית המזוזה שהכינו בכיתה. כדאי להזמין מספר אורחים (המנהל/ת, הרב וכו׳), לכלול כיבוד וכו׳.

הברכות המסורתיות:

ברוך אתה ה׳ אלוהינו מלך העולם, אשר קידשנו במצוותיו וציוונו לקבוע מזוזה.

ברוך אתה ה׳, אלוהינו מלך העולם, שהחיינו וקיימנו והגיענו לזמן הזה.

אפשר לחבר יחד תוספת לברכה בסגנון: ״תפילתנו היא שבכיתה זו נזכור...״

שולחים להורים את המזוזות שהילדים הכינו, בצירוף הסבר קצר על מצוות מזוזה ונוסח הברכות לקביעת מזוזה. יש ליידע את ההורים שה״קלף״ אינו כשר.

עושה שלום

לימוד התפילה כולל דף יצירה אחד.

נושא מרכזי: חשיבות השלום.

מבוא: המורה מסבירה: "הנה, הגענו כמעט לסופו של הסידור היצירתי. לא התייחסנו לכל התפילות, ובשנה הבאה נלמד תפילות נוספות. לפני שאנחנו מסיימים, עלינו להתייחס לתפילה חשובה ביותר, תפילה שכולם מכירים".
עוברים לדף הבא בחוברת, לתפילת "עושה שלום".

עיון בדף: קוראים יחד את השורה הראשונה. מה זאת אומרת "עושה שלום במרומיו"? מי הן הדמויות בשמים? מה זאת אומרת שקיים שלום בין גופי השמים? דמיינו לעצמכם שמים ללא שלום. (אולי הביטוי "שלום במרומיו" מרמז לשמים המסודרים – שהרי לשמש, לירח ולכוכבים יש מקום ותפקיד משלהם. כולם באים בזמנם, כולם חשובים, כולם זוהרים. אין אחד ברמה נחותה. שמים ללא שלום יכולים ליצור מצב שבו הירח והשמש מתחרים, הכוכבים מתווכחים אחד עם השני וכו'.)

הערה: יש המפרשים את המילה "במרומיו" כמתייחסת למלאכי השרת.

פעילות: אפשר לבקש מהתלמידים להמחיז ויכוח בין גופי השמים, ואז לבקש מהם להציע פתרון לסכסוך.

שיחה: כאשר אנחנו אומרים שקיים שלום במרומים, אפשר גם לחשוב על עולם הטבע כולו. כיצד? אם נתבסס על דוגמת המרומים, אז משמעו עולם שבו לטבע סדרים קבועים – לילה אחרי יום, עונתיות, מחזור החיים וכו'.

עבודה בדף: הילדים מאיירים את התפילה. במשבצת הראשונה הם מציירים את עולם הטבע במצב של שלום. במשבצת השנייה הם מציירים את העולם האנושי במצב של שלום.

סיכום: "עושה שלום" היא אחת התפילות לשלום. איזו תפילה נוספת לשלום אתם מכירים? (רובם יכירו את

"שים שלום"). כדאי לסיים בשירת "עושה שלום" במנגינות שונות.

"עושה שלום" – לאיזה פרח נוסיף את עלה הכותרת?

ואני תפילתי

לשיעור המסכם נשתמש בשני דפי יצירה.

נושא מרכזי: סיכום אישי של הנושא "תפילה".

הערה: לפעילות זו, הכוללת חזרה על התפילות שנלמדו, יש לכסות את ציורי הפרחים התלויים בכיתה ולהכין עלי כותרת רבים בצבעים שונים (אפשר להכין את העלים מנייר-קיר, מה שמכונה "טפט").

חלק א

מבוא: הצעת פתיחה – "השנה למדנו חלק מתפילת שחרית – תפילת הבוקר. בשנה הבאה נלמד תפילות נוספות. היום נסכם את מה שלמדנו עד כה. בואו ניזכר בתפילות השונות שבהן עיינו במשך השנה". (רושמים את שמות התפילות על הלוח, והמורה מוסיפה את אלו שלא הוזכרו.)

פעילות: מבקשים מהילדים לצייר על הדף הריק בחוברת שלושה גבעולים, ובראש כל גבעול להוסיף עיגול. בכל עיגול רושמים מילה אחת: הלל, שבח, הודיה (בדיוק כמו שעשינו בכיתה). מחלקים לכל תלמיד/ה עלי כותרת בצבעים שונים. התלמידים רושמים בכל עלה כותרת שם של תפילה אחת.
לאחר מכן עליהם למיין אותם לפי הקטגוריות השונות. בשלב זה התלמידים מניחים את עלי הכותרת במקום המתאים אך עדיין לא מדביקים אותם. התלמידים מוסיפים גם את קריאת "שמע", כפי שסוכם בשיעור או בכל צורה שיראו כמתאימה.
מתכנסים יחד וחושפים את ציורי הפרחים התלויים בכיתה. התלמידים בודקים את עבודתם, והם יכולים לברר דברים שאינם ברורים להם ולהתווכח על מיון כלשהו.
חשוב להדגיש שלעתים החלוקה לסוגי תפילה איננה חדה וקבועה – לעיתים תפילה מתאימה ליותר מקטגוריה אחת, ואין בכך שום פסול.
מוסיפים לפעולת המיון מספר ברכות, תפילות ושירים, כגון: ברכות הנהנין, ברכת המזון, אלי אלי, תודה על כל מה שבראת, וכו'. כל תלמיד מוסיף אותם לציור שלו, לפי המיון המתאים.

כאשר העלים מונחים במקומות הנכונים, הילדים מדביקים אותם לדף.

חלק ב – עבודה בדף "ואני תפילתי"

התלמידים מחברים תפילה משלהם, או כותבים חיבור קצר: "התפילה בשבילי היא..."

סיכום: מתכנסים יחד ושרים "תודה על כל מה שבראת", או שיר אחר או תפילה אחרת.

פעילות רשות: לקראת סוף השנה הילדים מחברים תפילות בקבוצות קטנות.
כל קבוצה בוחרת את הנושא של התפילה או למי להפנות את התפילה/הברכה, כגון: למורה, להורים, לחברים, לשלום. הילדים מחברים את התפילה, רושמים אותה על נייר צבעוני, מקשטים אותה ושולחים אותה ל"כתובת" המתאימה. במקרה שהכתובת איננה מוגדרת (כגון תפילה לשלום), אפשר לתלות אותה בכיתה.

אני תפילתי

1

מוֹדה אֲנִי

עַל ______________________________

____

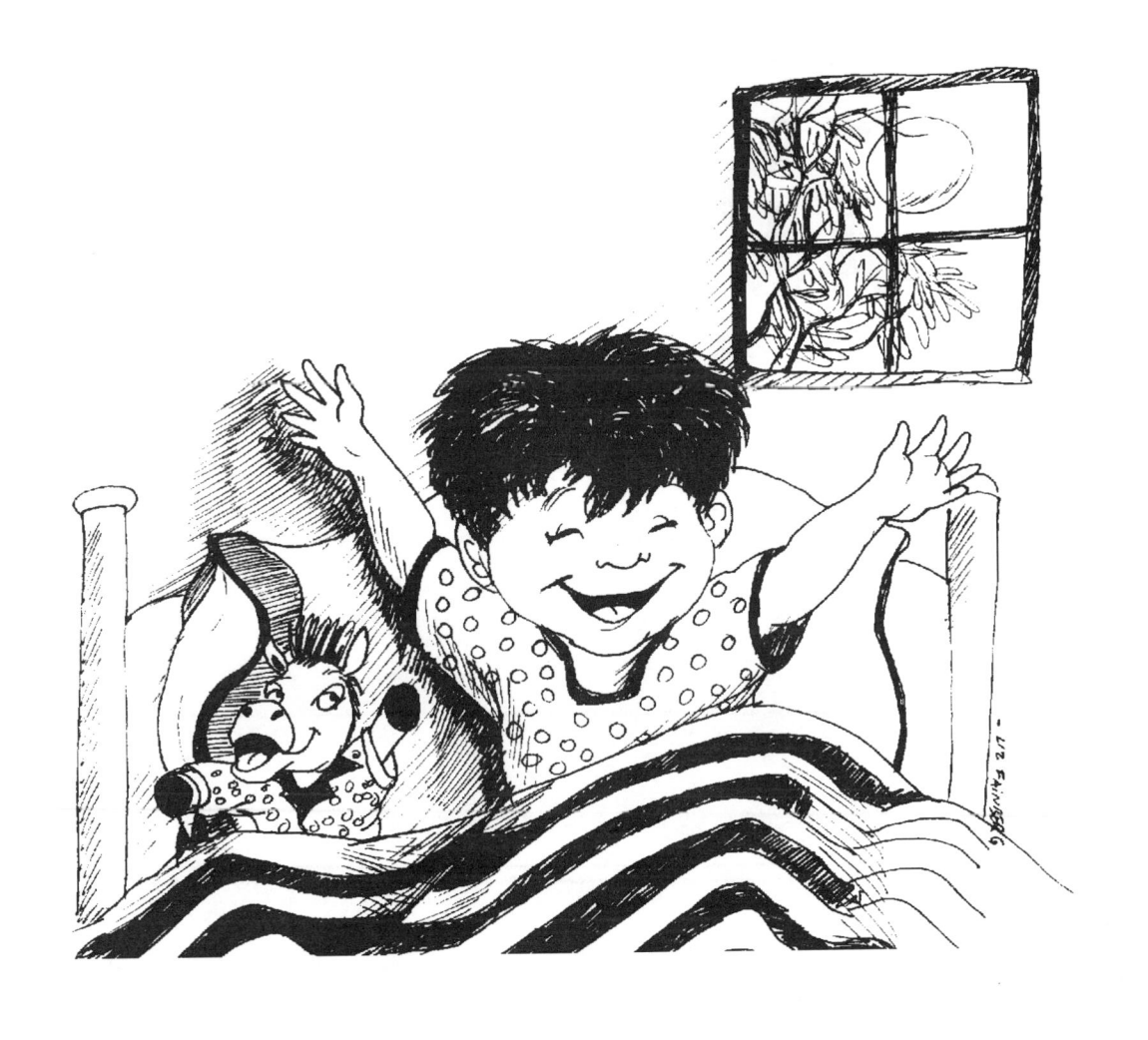

מוֹדֶה אֲנִי לְפָנֶיךָ מֶלֶךְ חַי וְקַיָּם
שֶׁהֶחֱזַרְתָּ בִּי נִשְׁמָתִי בְּחֶמְלָה, רַבָּה אֱמוּנָתֶךָ.

3

מַה טֹּבוּ

אֹהָלֶיךָ יַעֲקֹב,
מִשְׁכְּנֹתֶיךָ יִשְׂרָאֵל.

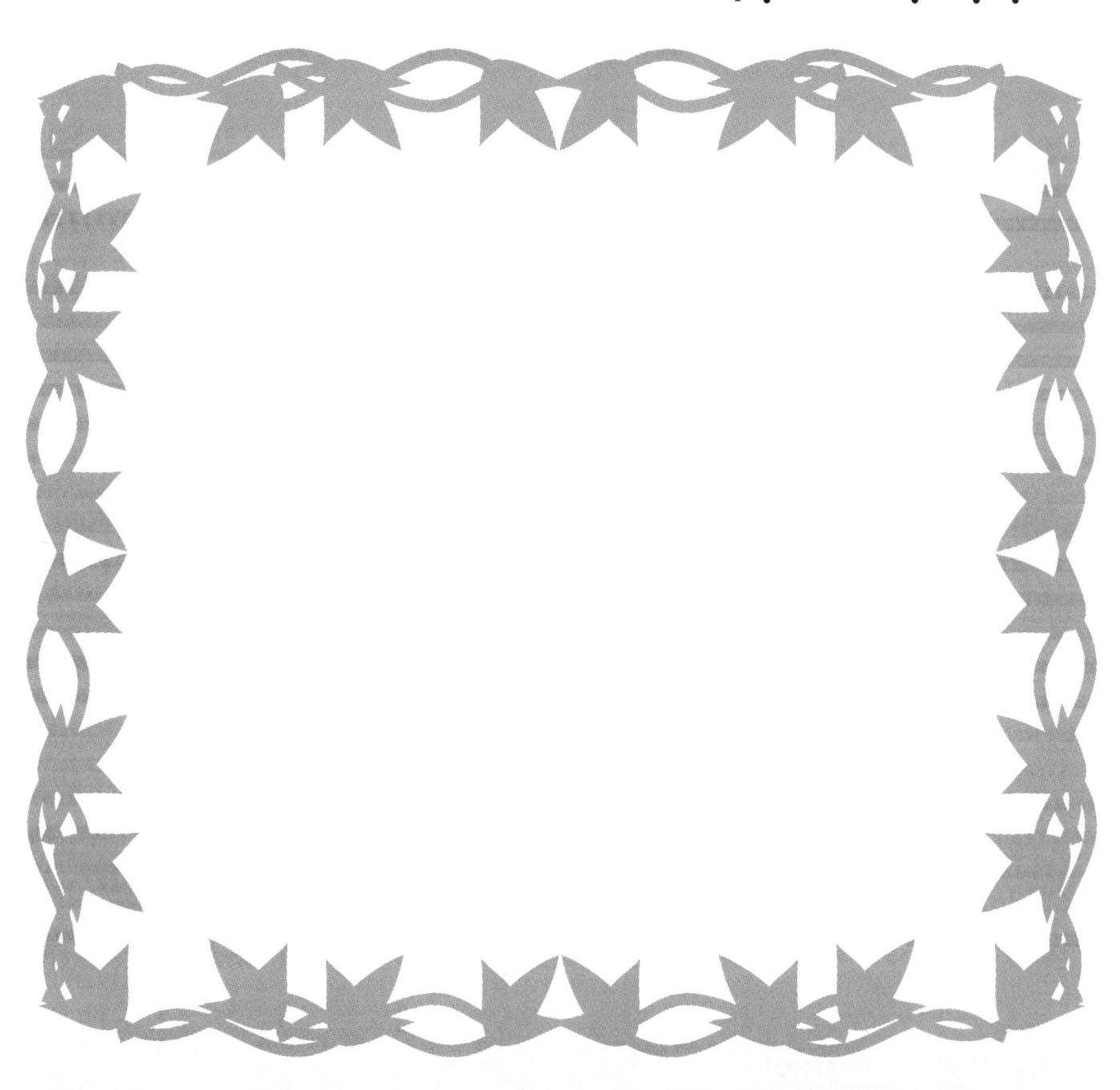

מַה טֹבוּ אֹהָלֶיךָ יַעֲקֹב, מִשְׁכְּנֹתֶיךָ יִשְׂרָאֵל.

הַבֹּקֶר שֶׁלִּי:	הַבֹּקֶר לְפִי בִּרְכוֹת הַשַּׁחַר:
1	1
2	2
3	3
4	4
5	5

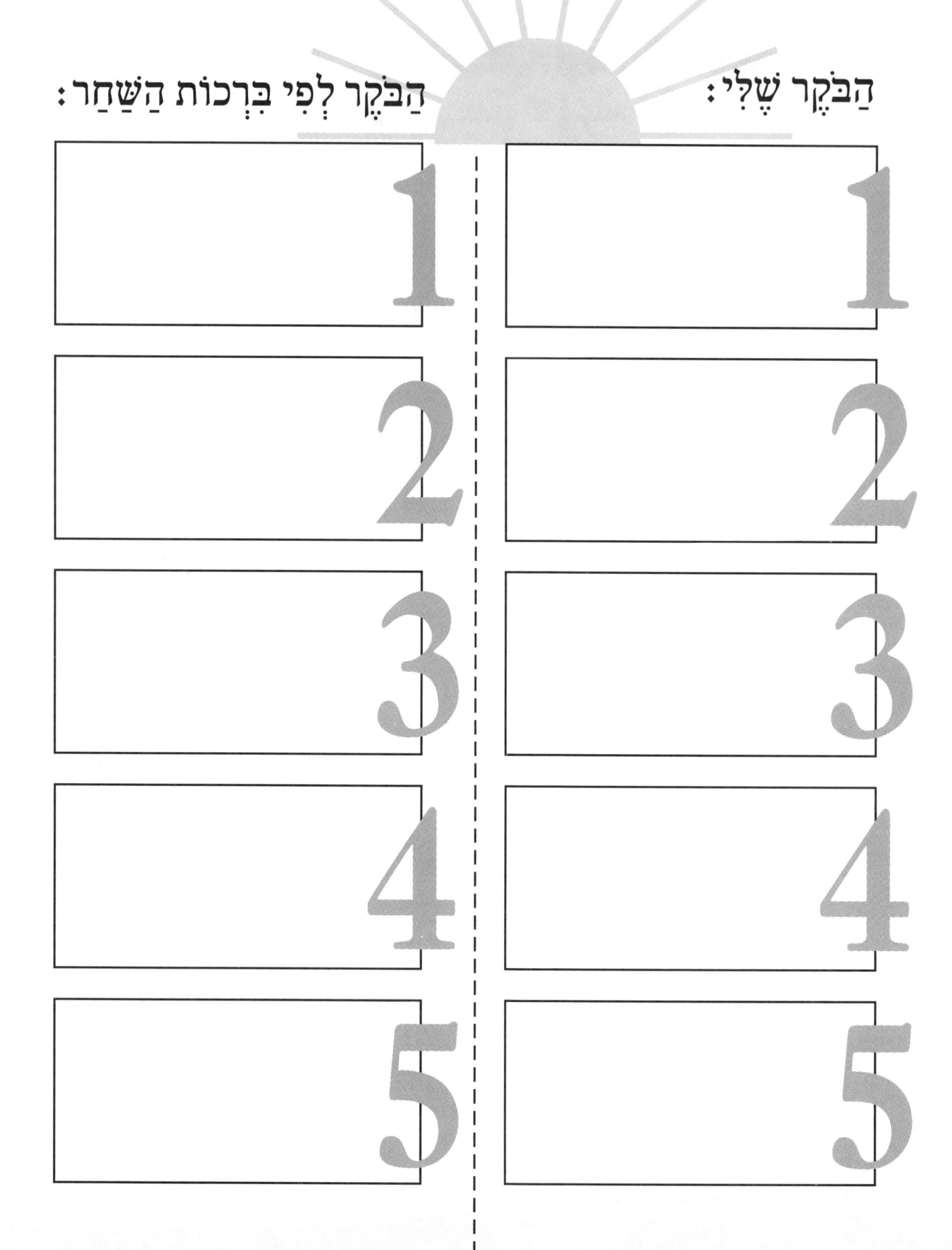

1 בָּרוּךְ אַתָּה ה׳ אֱלֹהֵינוּ מֶלֶךְ הָעוֹלָם, אֲשֶׁר נָתַן לַשֶּׂכְוִי בִינָה לְהַבְחִין בֵּין יוֹם וּבֵין לָיְלָה.

2 בָּרוּךְ אַתָּה ה׳ אֱלֹהֵינוּ מֶלֶךְ הָעוֹלָם, פּוֹקֵחַ עִוְרִים.

3 בָּרוּךְ אַתָּה ה׳ אֱלֹהֵינוּ מֶלֶךְ הָעוֹלָם, מַלְבִּישׁ עֲרֻמִּים.

4 בָּרוּךְ אַתָּה ה׳ אֱלֹהֵינוּ מֶלֶךְ הָעוֹלָם, מַתִּיר אֲסוּרִים.

5 בָּרוּךְ אַתָּה ה׳ אֱלֹהֵינוּ מֶלֶךְ הָעוֹלָם, זוֹקֵף כְּפוּפִים.

6 בָּרוּךְ אַתָּה ה׳ אֱלֹהֵינוּ מֶלֶךְ הָעוֹלָם, רוֹקַע הָאָרֶץ עַל הַמָּיִם.

7 בָּרוּךְ אַתָּה ה׳ אֱלֹהֵינוּ מֶלֶךְ הָעוֹלָם, שֶׁעָשָׂה לִי כָּל צָרְכִּי.

8 בָּרוּךְ אַתָּה ה׳ אֱלֹהֵינוּ מֶלֶךְ הָעוֹלָם, הַמֵּכִין מִצְעֲדֵי גָבֶר.

9 בָּרוּךְ אַתָּה ה׳ אֱלֹהֵינוּ מֶלֶךְ הָעוֹלָם, אוֹזֵר יִשְׂרָאֵל בִּגְבוּרָה.

10 בָּרוּךְ אַתָּה ה׳ אֱלֹהֵינוּ מֶלֶךְ הָעוֹלָם, עוֹטֵר יִשְׂרָאֵל בְּתִפְאָרָה.

11 בָּרוּךְ אַתָּה ה׳ אֱלֹהֵינוּ מֶלֶךְ הָעוֹלָם, הַנּוֹתֵן לַיָּעֵף כֹּחַ.

12 בָּרוּךְ אַתָּה ה׳ אֱלֹהֵינוּ מֶלֶךְ הָעוֹלָם, הַמַּעֲבִיר שֵׁנָה מֵעֵינַי
וּתְנוּמָה מֵעַפְעַפָּי.

בָּרוּךְ אַתָּה ה' אֱלֹהֵינוּ מֶלֶךְ הָעוֹלָם,
שֶׁעָשַׂנִי יִשְׂרָאֵל.

בָּרוּךְ אַתָּה ה׳ אֱלֹהֵינוּ מֶלֶךְ הָעוֹלָם,

שֶׁעָשַׂנִי בֶּן/בַּת חוֹרִין.

בָּרוּךְ אַתָּה ה' אֱלֹהֵינוּ מֶלֶךְ הָעוֹלָם,
שֶׁעָשַׂנִי בְּצַלְמוֹ.

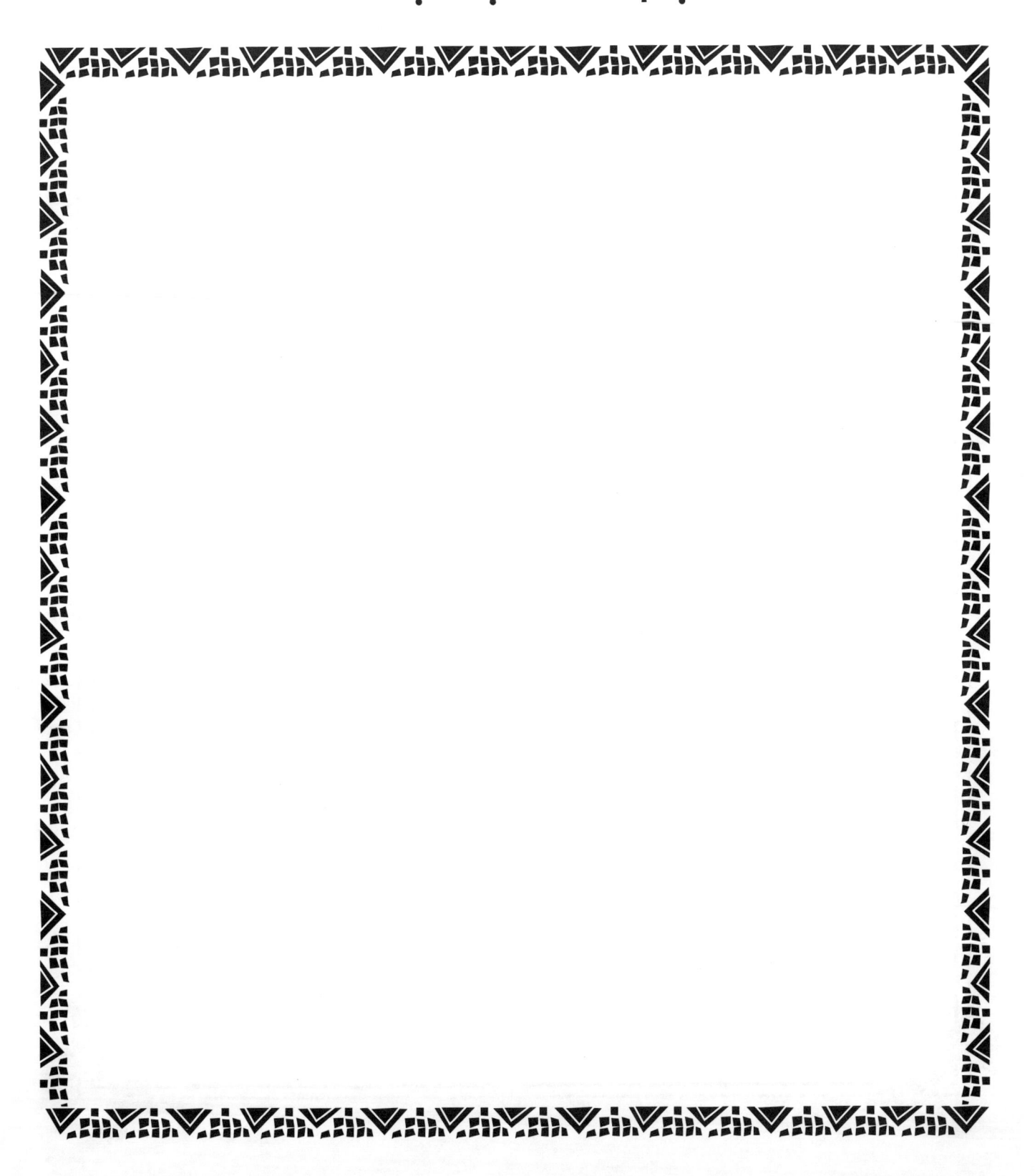

נֵבֶל

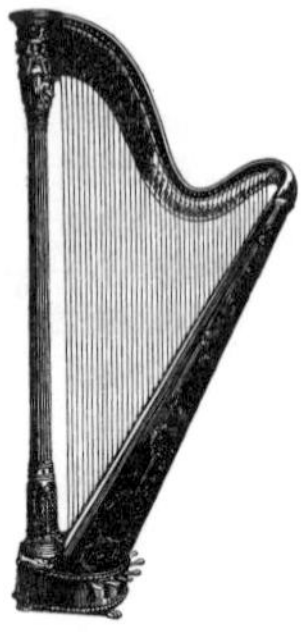

כִּנּוֹר

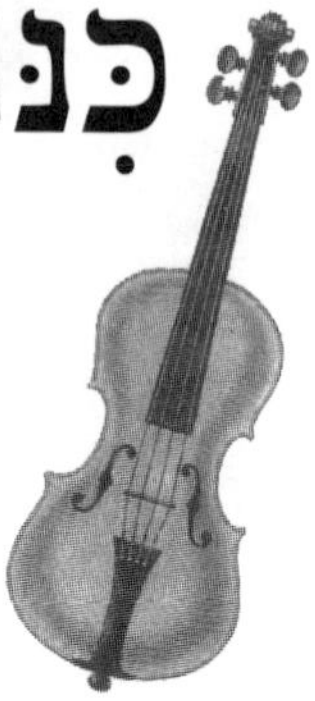

עֻגָב

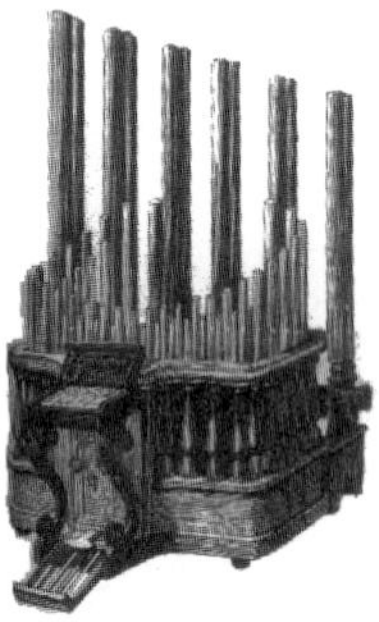

שׁוֹפָר
(תְּרוּעָה)

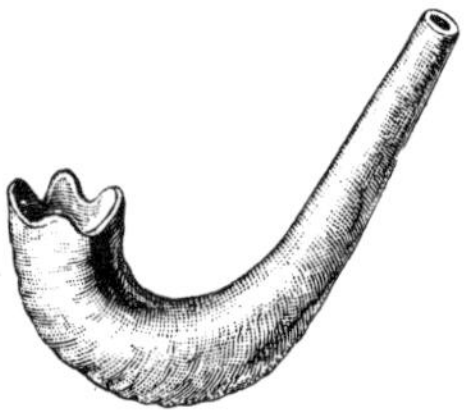

הַלְלוּיָהּ

הַלְלוּיָהּ, הַלְלוּ אֵל בְּקָדְשׁוֹ,

הַלְלוּהוּ בִּרְקִיעַ עֻזּוֹ.

הַלְלוּהוּ בִּגְבוּרֹתָיו,

הַלְלוּהוּ כְּרֹב גֻּדְלוֹ.

הַלְלוּהוּ בְּתֵקַע שׁוֹפָר,

הַלְלוּהוּ בְּנֵבֶל וְכִנּוֹר.

הַלְלוּהוּ בְּתֹף וּמָחוֹל,

הַלְלוּהוּ בְּמִנִּים וְעֻגָב.

הַלְלוּהוּ בְצִלְצְלֵי שָׁמַע,

הַלְלוּהוּ בְּצִלְצְלֵי תְרוּעָה.

כֹּל הַנְּשָׁמָה תְּהַלֵּל יָהּ, הַלְלוּיָהּ.

כֹּל הַנְּשָׁמָה תְּהַלֵּל יָהּ, הַלְלוּיָהּ.

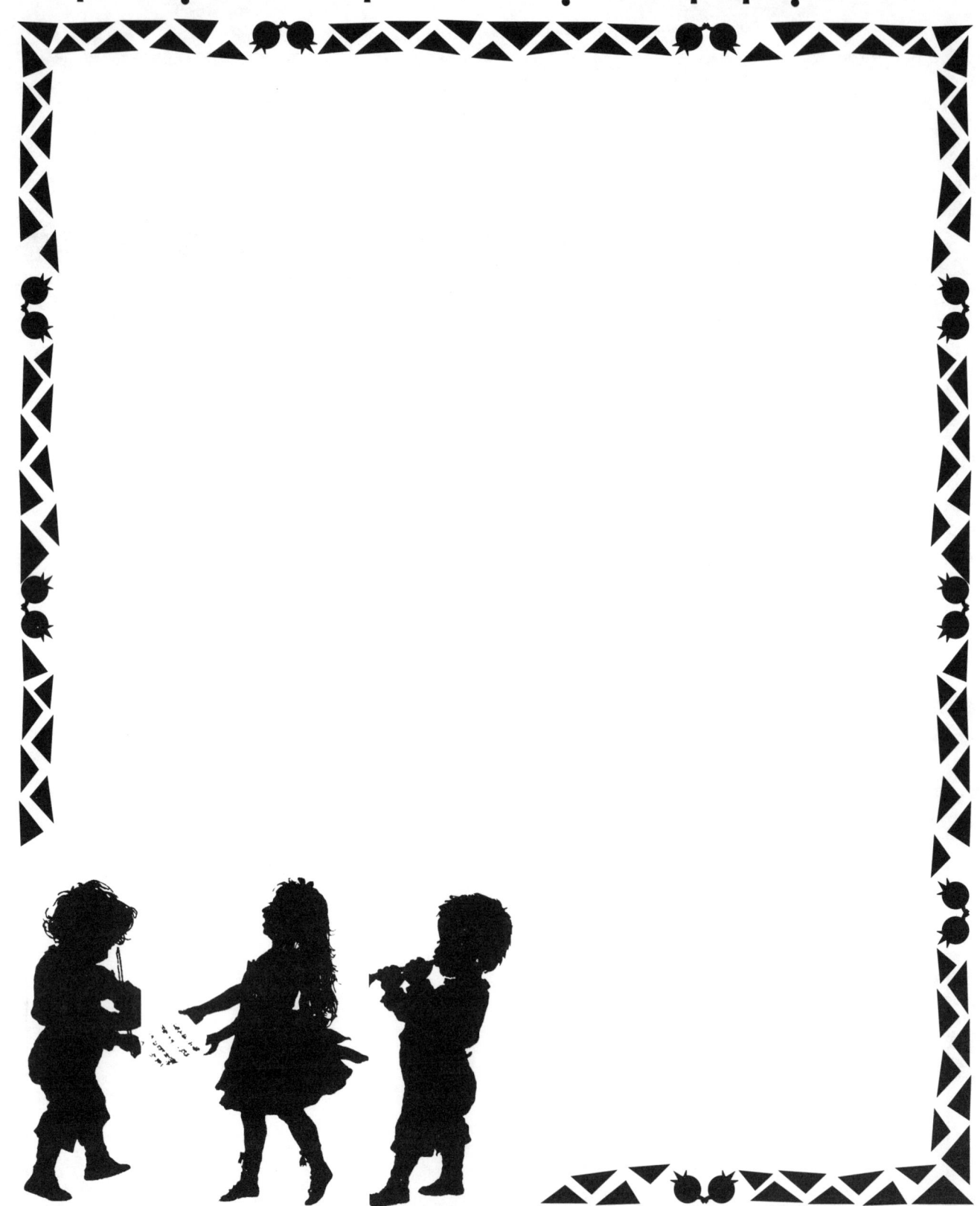

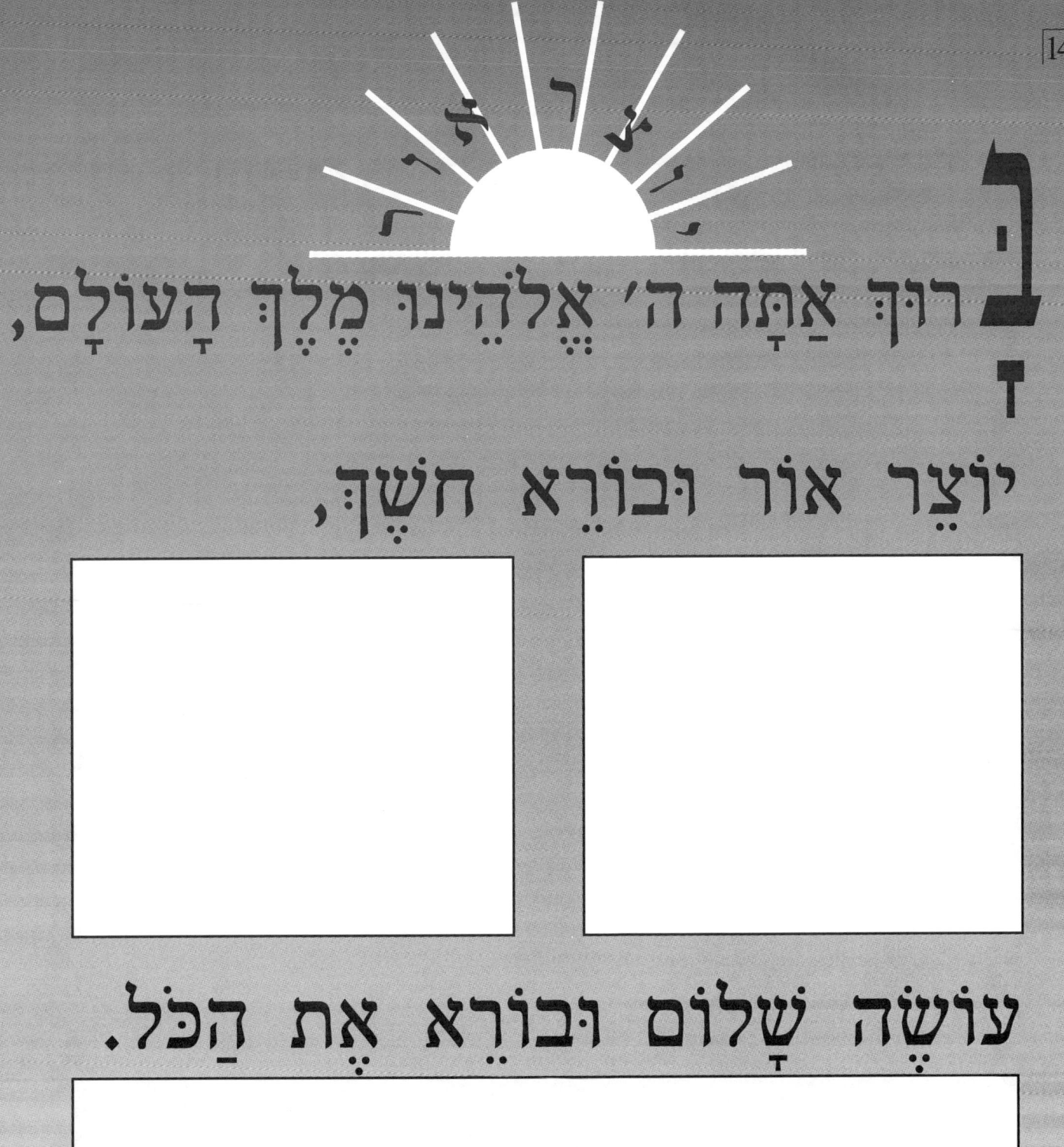

בָּרוּךְ אַתָּה ה' אֱלֹהֵינוּ מֶלֶךְ הָעוֹלָם,

יוֹצֵר אוֹר וּבוֹרֵא חֹשֶׁךְ,

עוֹשֶׂה שָׁלוֹם וּבוֹרֵא אֶת הַכֹּל.

☐ל ☐רוּךְ ☐דוֹל ☐עָה,

☐כִין ☐פָּעַל ☐הֲרֵי ☐מָה.

☐וֹב ☐צֵר ☐בוֹד ☐שְׁמוֹ,

☐אוֹרוֹת ☐תַן ☐בִיבוֹת

☐וּ. ☐נוֹת ☐בָאָיו

☐דוֹשִׁים, ☐וּמְמֵי ☐דֵי

☐מִיד מְסַפְּרִים

כְּבוֹד אֵל וּקְדֻשָׁתוֹ.

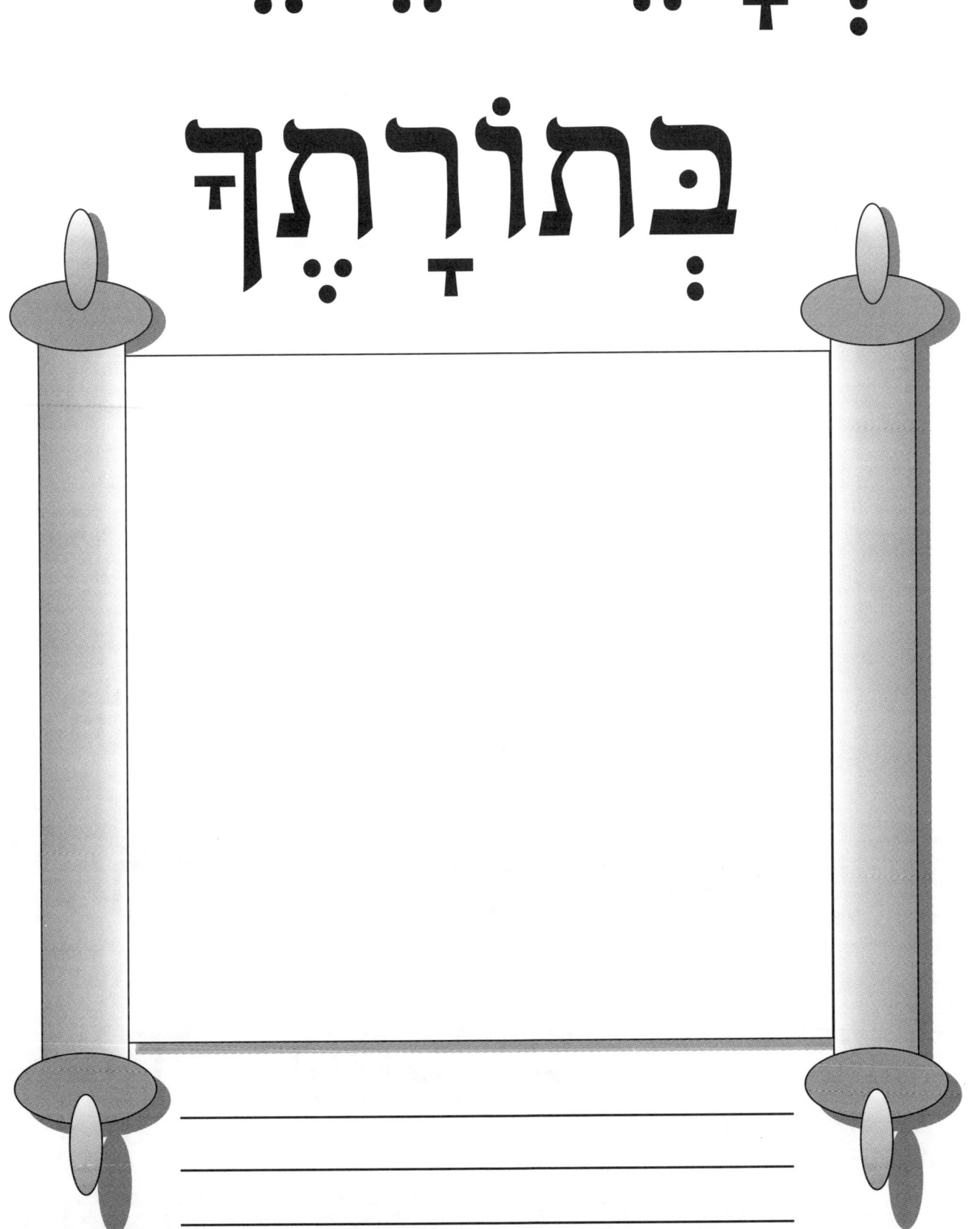

וְהָאֵר עֵינֵינוּ בְּתוֹרָתֶךָ

וְדַבֵּק לִבֵּנוּ בְּמִצְוֹתֶיךָ

וְיַחֵד לְבָבֵנוּ לְאַהֲבָה וּלְיִרְאָה אֶת שְׁמֶךָ

18

שְׁמַע
יִשְׂרָאֵל

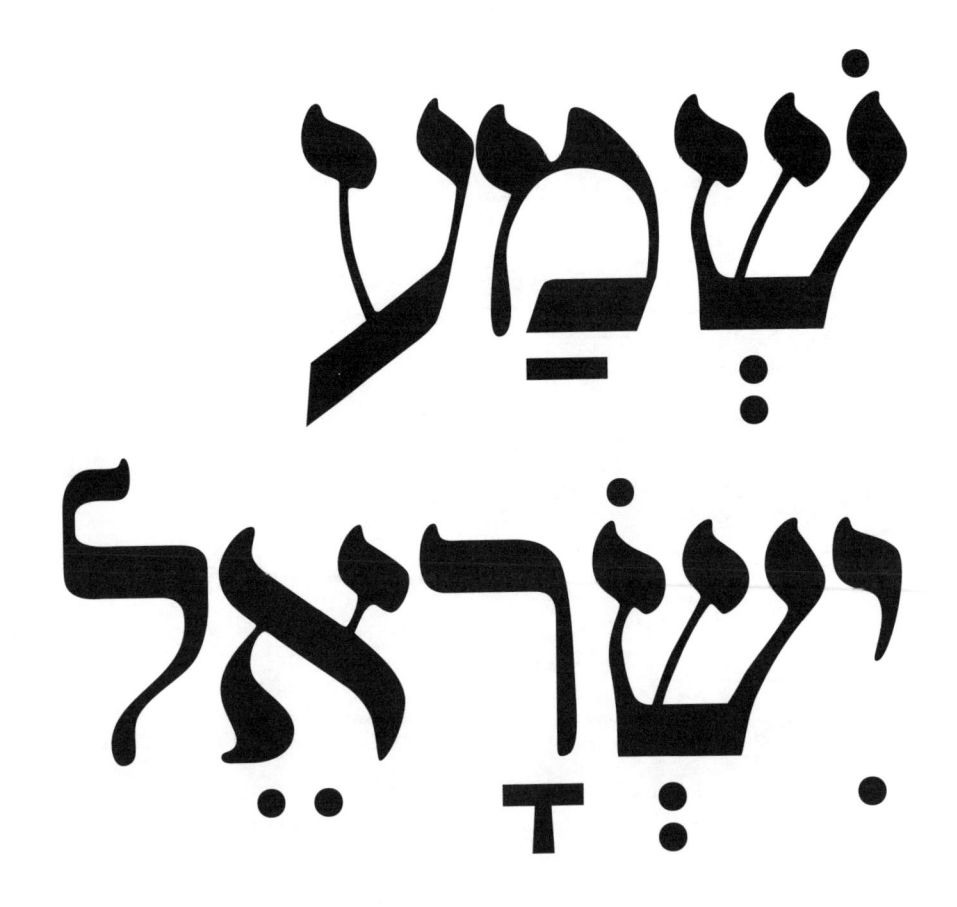

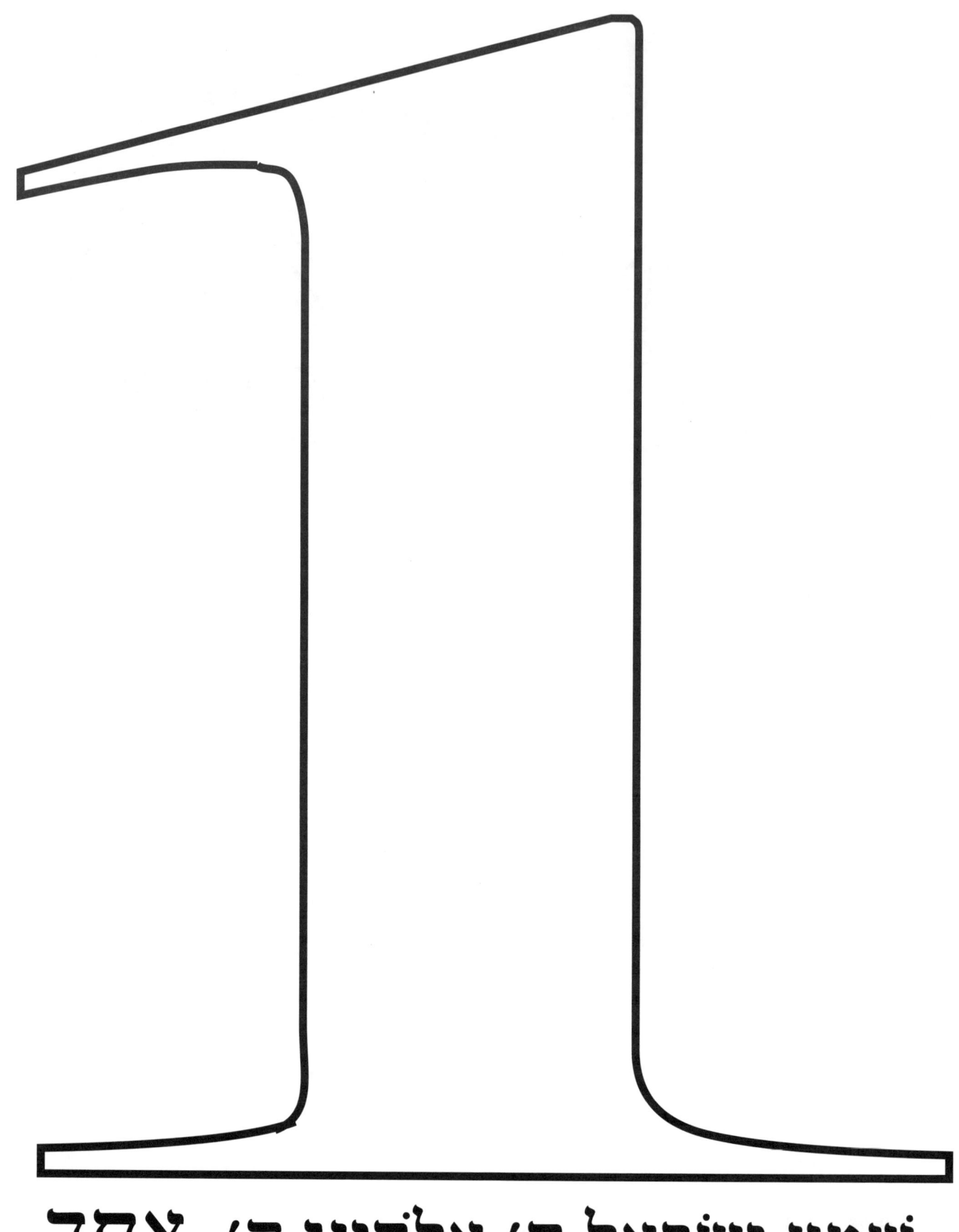

שְׁמַע יִשְׂרָאֵל ה' אֱלֹהֵינוּ ה' אֶחָד.

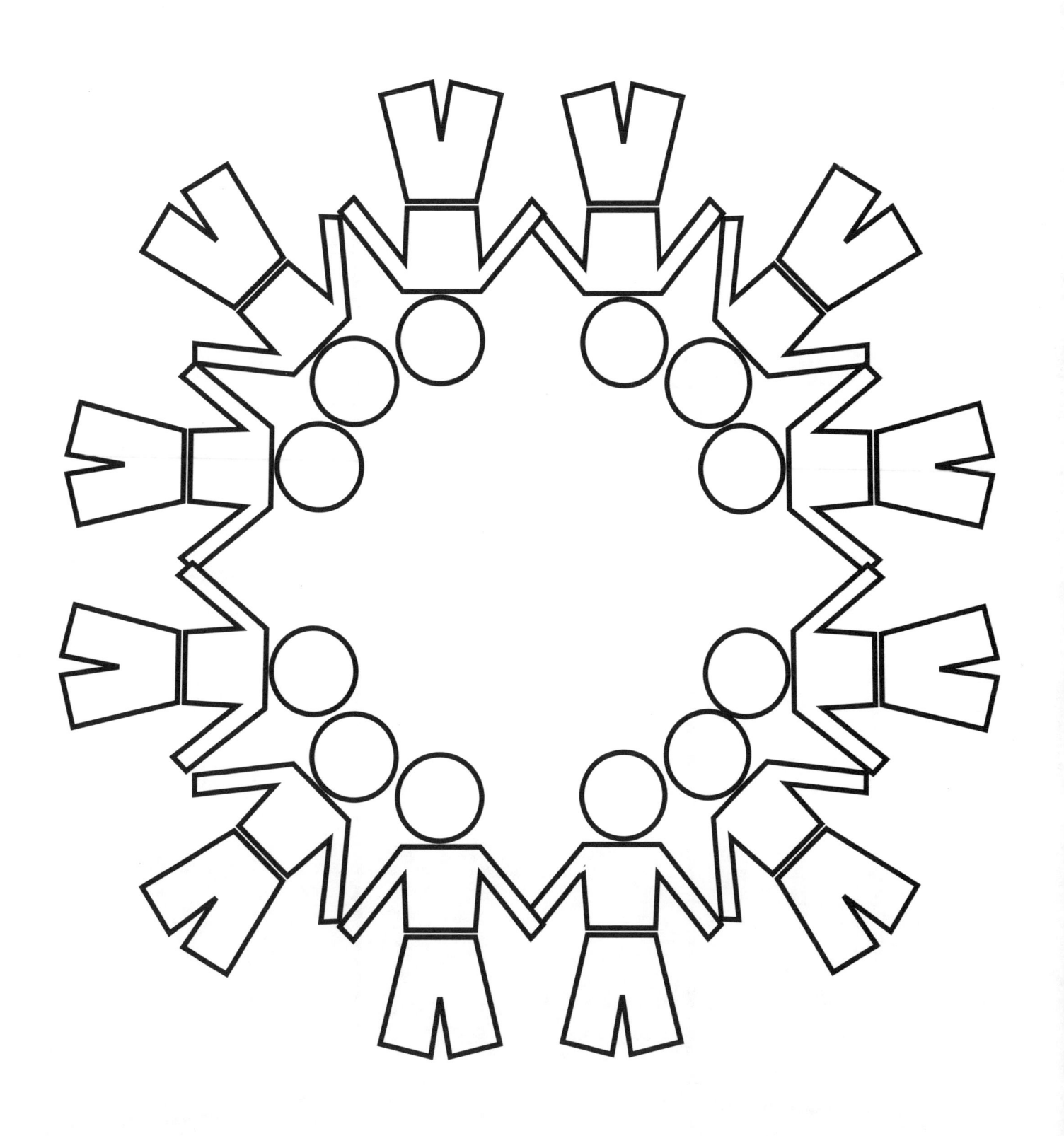

שְׁמַע יִשְׂרָאֵל ה' אֱלֹהֵינוּ ה' אֶחָד.

וְאָהַבְתָּ אֵת ה' אֱלֹהֶיךָ

בְּכָל לְבָבְךָ
וּבְכָל נַפְשְׁךָ
וּבְכָל מְאֹדֶךָ.

וְהָיוּ הַדְּבָרִים הָאֵלֶּה

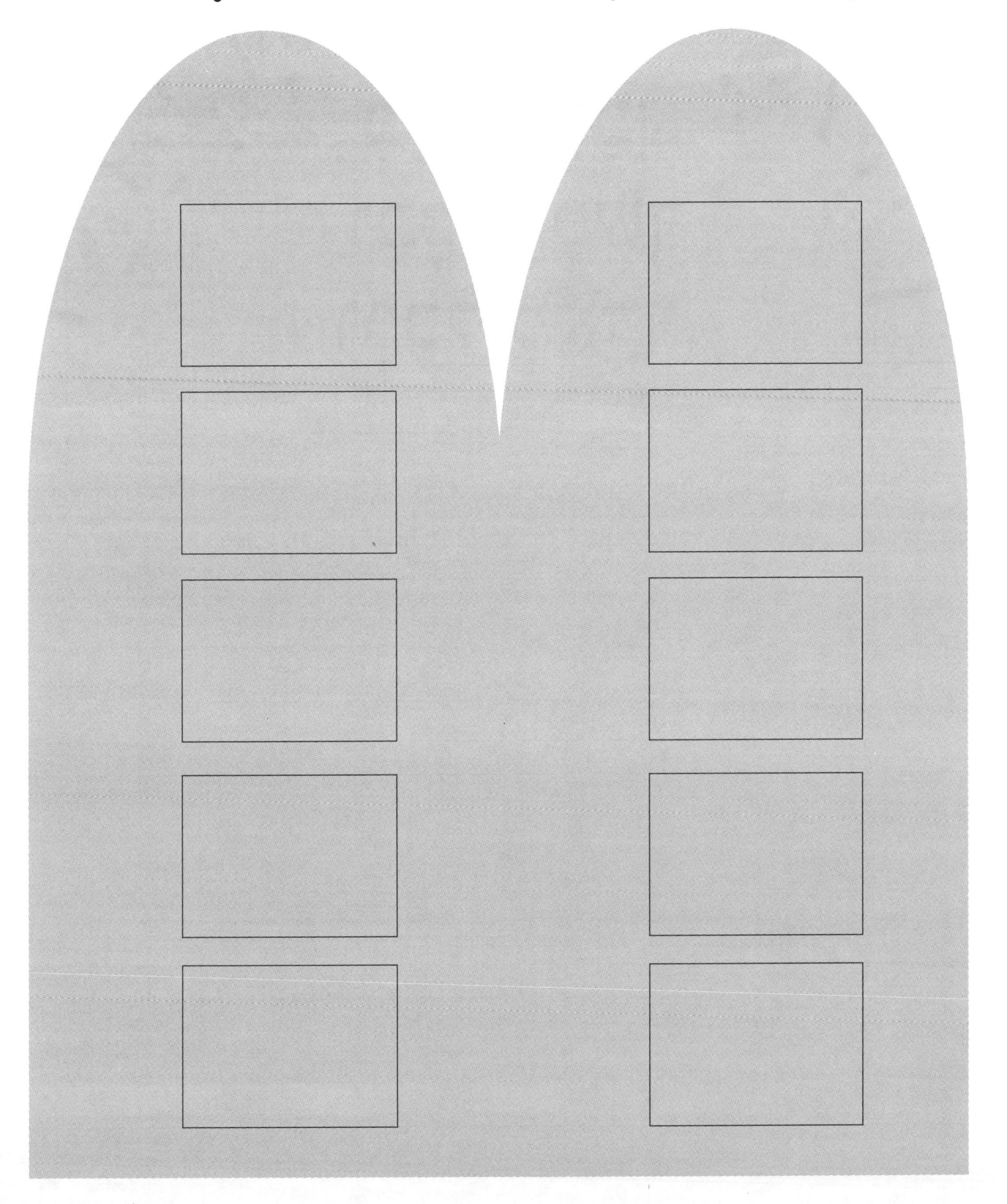

וְשִׁנַּנְתָּם לְבָנֶיךָ וְדִבַּרְתָּ בָּם

הוֹרִים אַחֲרָאִים לְלַמֵּד אֶת יַלְדֵיהֶם:

_____

יְלָדִים יְכוֹלִים לְלַמֵּד אֶת הוֹרֵיהֶם:

_____

בְּשִׁבְתְּךָ בְּבֵיתֶךָ

וּבְלֶכְתְּךָ בַדֶּרֶךְ

וּבְשָׁכְבְּךָ

וּבְקוּמֶךָ

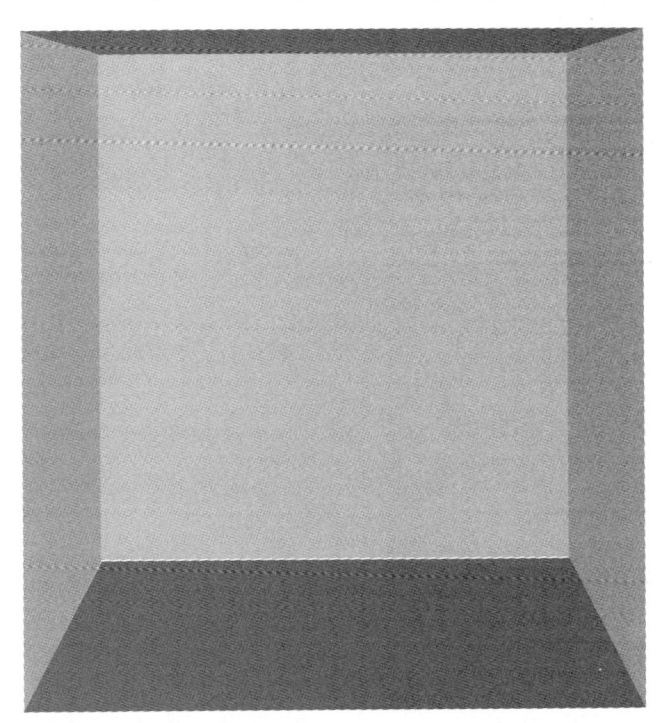

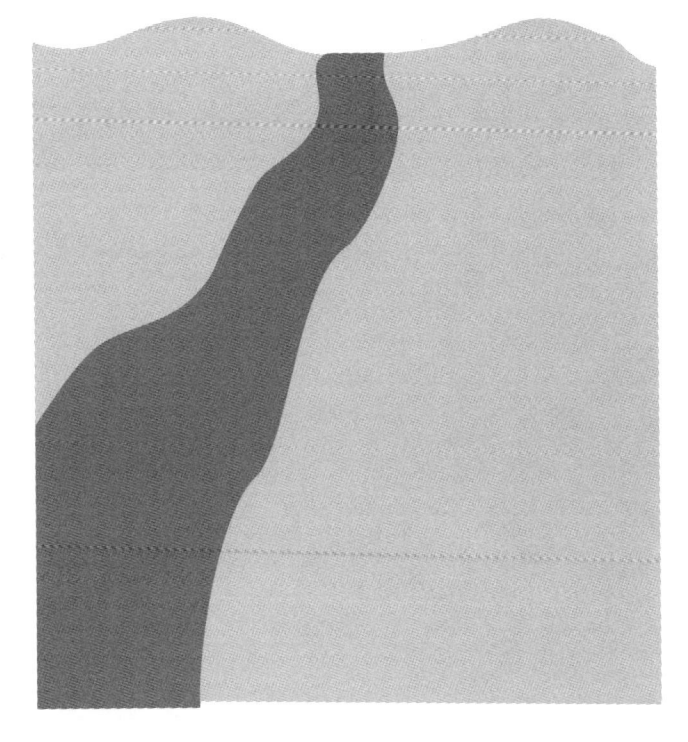

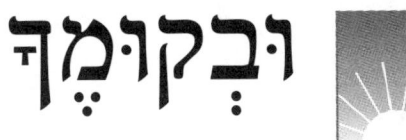

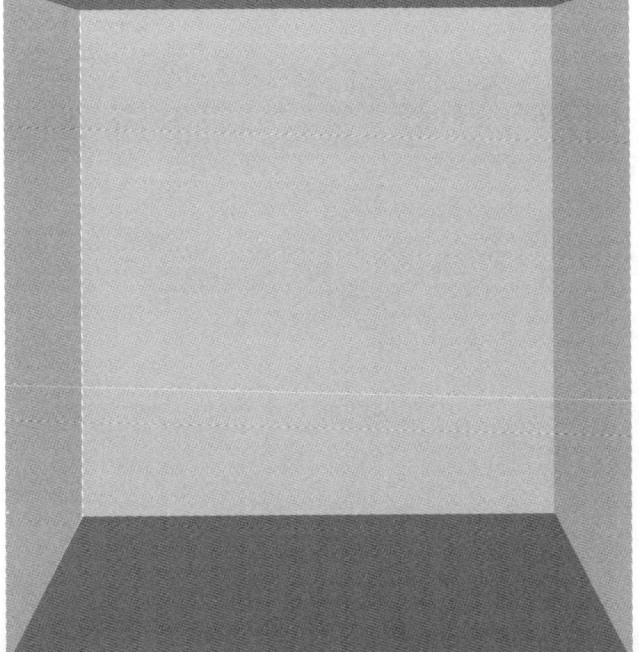

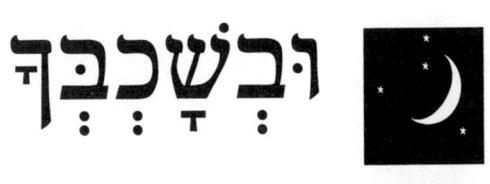

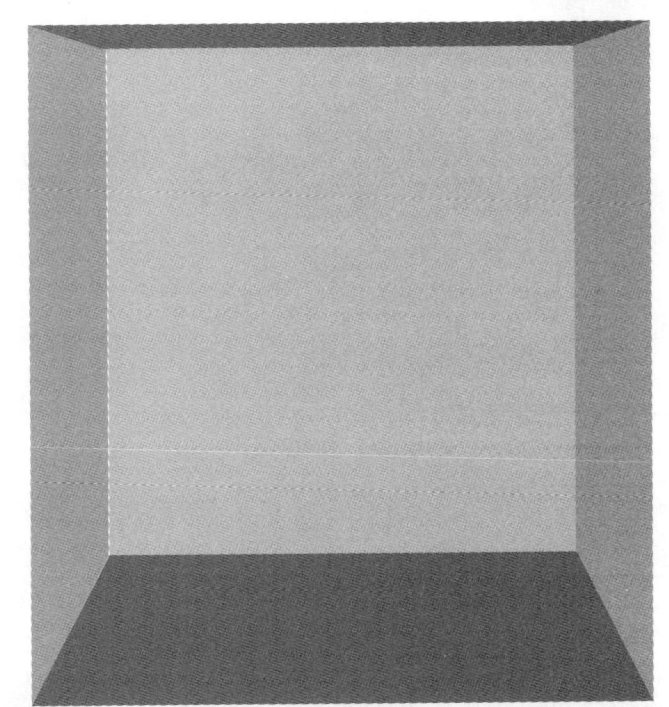

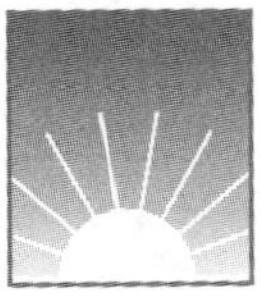

25

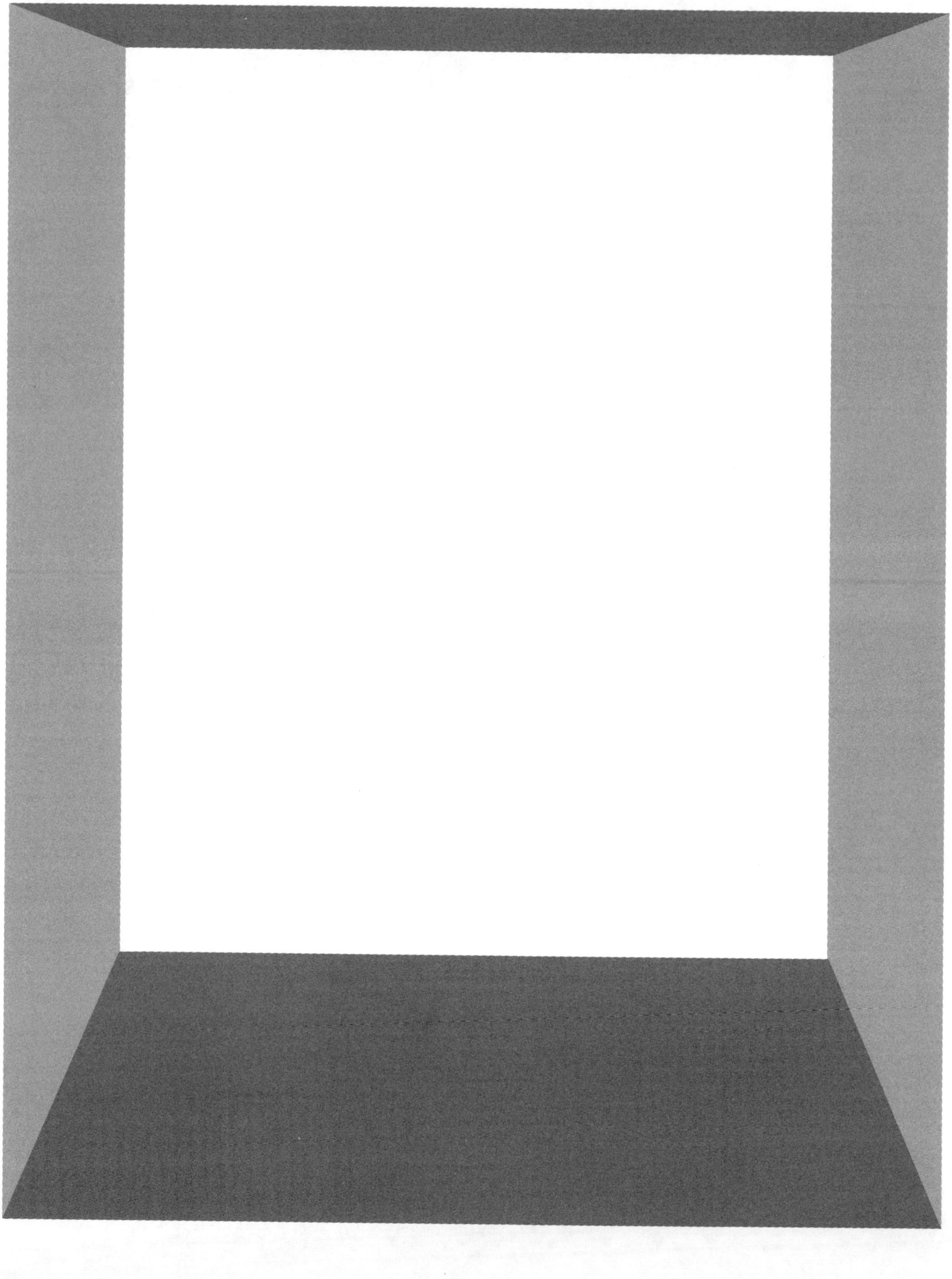

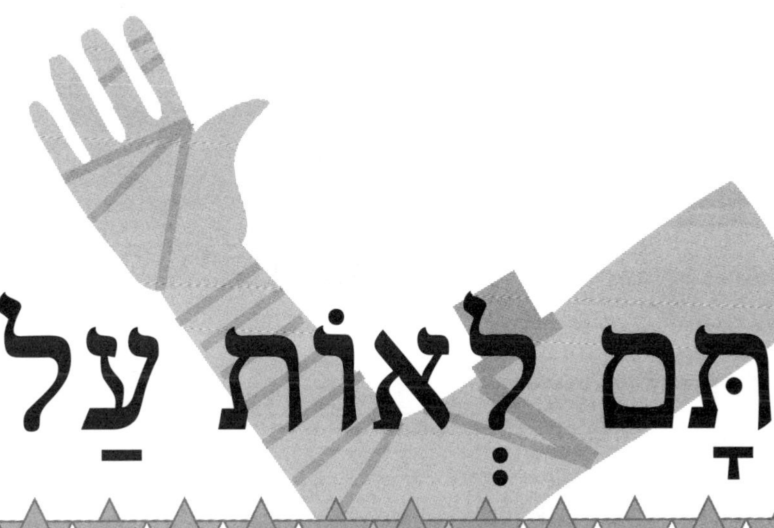

וּקְשַׁרְתָּם לְאוֹת עַל יָדֶךָ

וְהָיוּ לְטֹטָפֹת בֵּין עֵינֶיךָ.

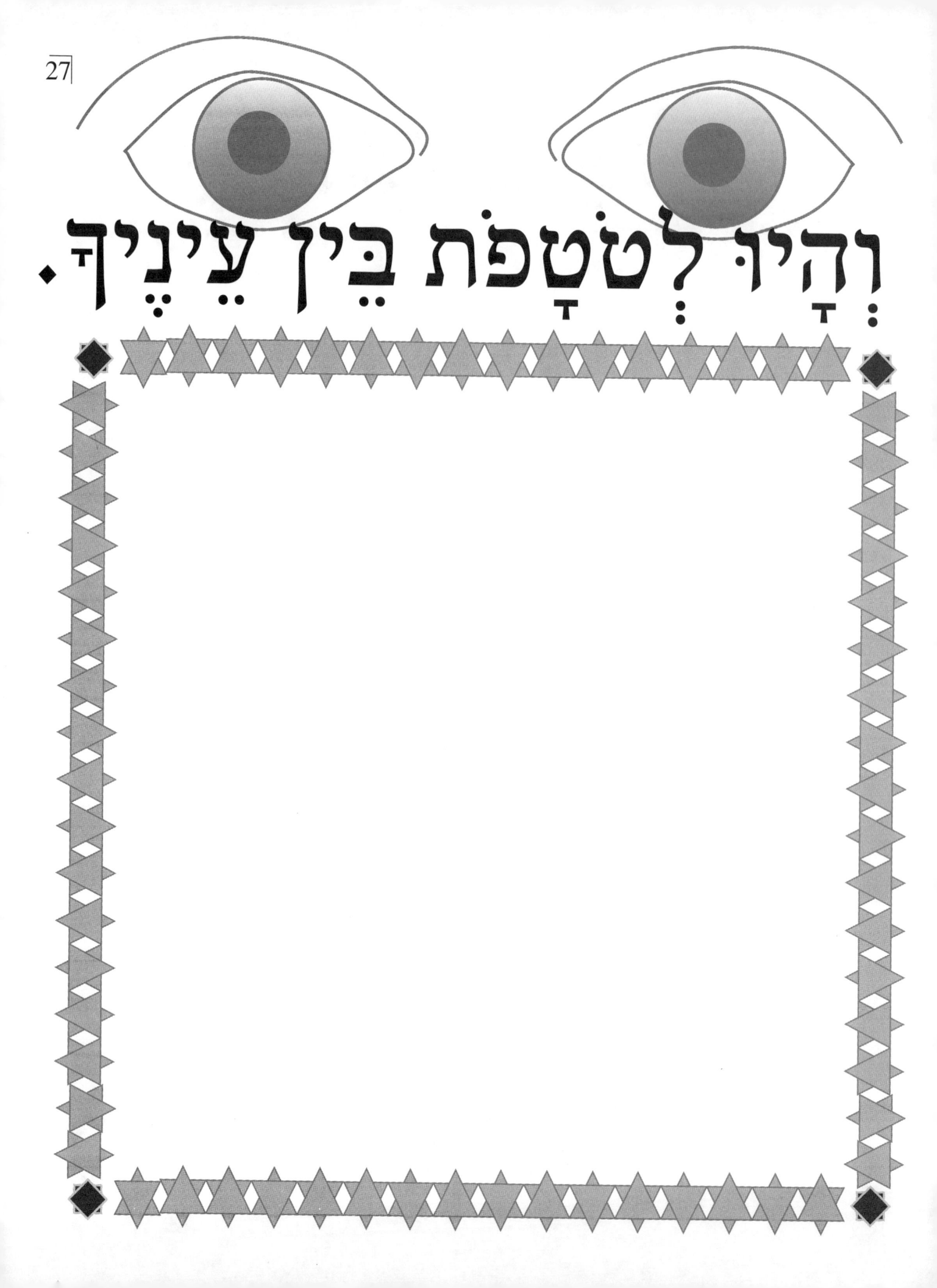

28

וּכְתַבְתָּם עַל

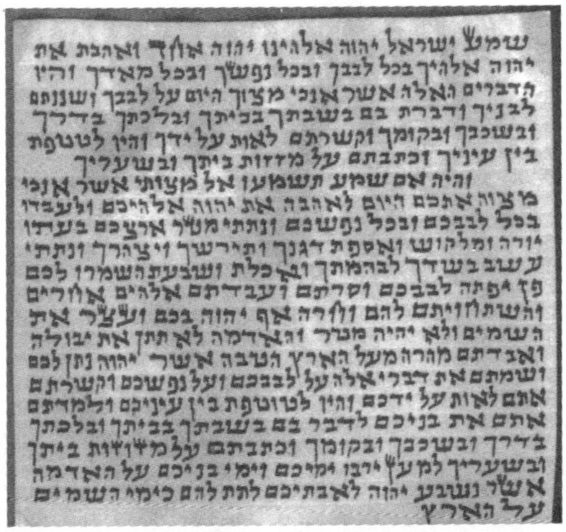

מְזֻזוֹת בֵּיתֶךָ וּבִשְׁעָרֶיךָ.

הַמְּדוּרָה מַזְכִּירָה לִי...

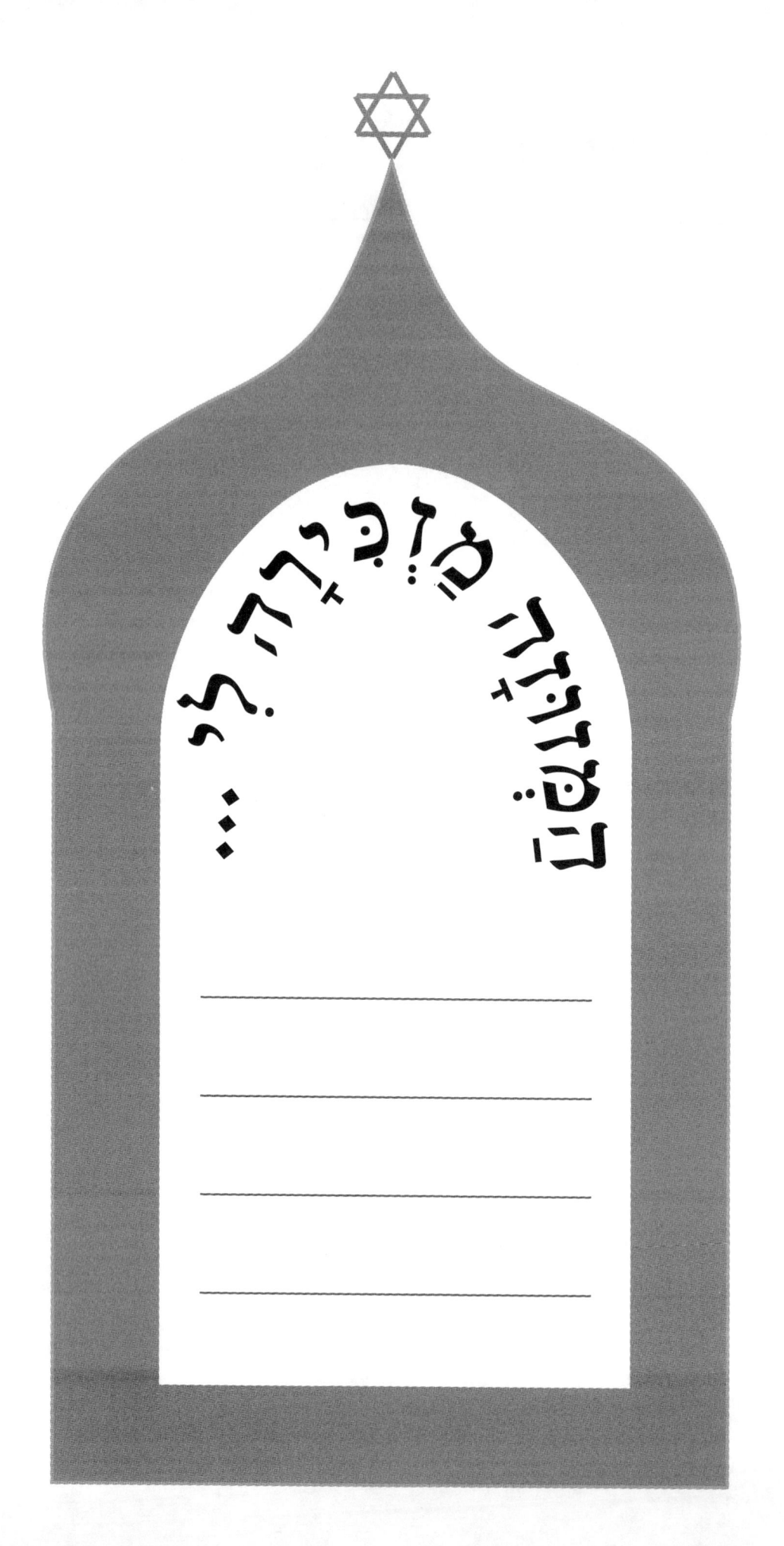

עוֹשֶׂה שָׁלוֹם בִּמְרוֹמָיו,

הוּא יַעֲשֶׂה שָׁלוֹם עָלֵינוּ וְעַל כָּל יִשְׂרָאֵל

וְאִמְרוּ אָמֵן.

31

וַאֲנִי תְפִלָּתִי...

ANI TEFILATI